大国振兴：

乡村振兴视域下脱贫攻坚成效巩固路径探索与实践

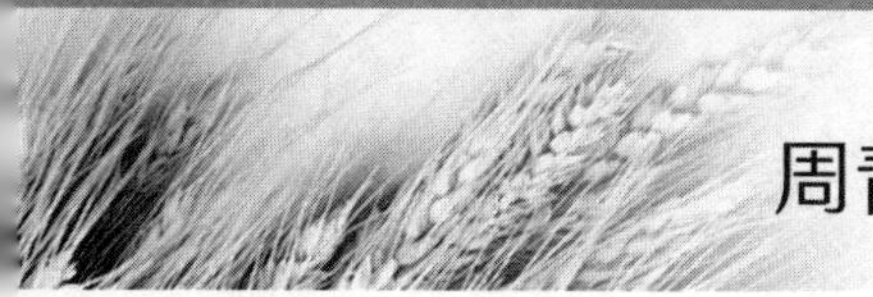

周青浮　著

中国农业出版社
北　京

前言

FOREWORD

当前，我国正处在巩固脱贫攻坚成果同乡村振兴有效衔接的重大机遇期。来之不易的脱贫成果，凝聚了党中央和全国人民的心血。守住并巩固脱贫成果事关群众的幸福生活，事关乡村振兴的进展，事关国家振兴大业。如何巩固拓展脱贫攻坚成果并推动其与乡村振兴有效衔接，就成为实现乡村全面振兴需要解决的两大重点问题。

本书基于新时代脱贫攻坚与乡村振兴衔接的历史节点，针对脱贫攻坚巩固路径进行了探索与实践。本书共分为八章，第一章大国振兴：乡村振兴战略与脱贫攻坚战，重点介绍了作为我国建设农业强国的重点战略和举措，乡村振兴战略、脱贫攻坚战以及巩固脱贫攻坚成果与乡村振兴有效衔接；第二章为从脱贫攻坚到乡村振兴战略内涵的演变，分别从产业振兴、生态振兴、文化振兴、组织振兴、人才振兴五个方面展开论述；第三章为以湖南省为例谈乡村产业振兴的探索与实践，重点介绍了农民专业合作社带动乡村产业振兴的实践、经济能人带动乡村产业振兴的实践、传统村寨产业振兴的实践和地方特色产业振兴的实践；第四章为以山东省潍坊市为例谈守护绿水青山，建设生态宜居美丽乡村，分别从生态宜居是人民日益增长的美好生活需要、建设生态宜居美丽乡村需要解决的问题、以全方位的人居环境整治实现乡村生态宜居和加强宣传教育、以机制创新促进乡村生态振兴四个方面展开介绍；第五章为文化振兴是撬动乡村发展的领会指针，分别从乡村教育与乡土文化传承、新时代青年农民要做好现代农业文明的先行者、“一路三镇”的文化传承与孕育、破解“去农文化”与村庄的“空心化”、乡村蝶变之中的乡村文化印象和河南乡村文化振兴的路径及对策六个方面展开论述；第六章为始终坚持党对组织振兴的全面领导，重点论述了全面加强农村基层党组织建设、组织振兴要抓“关键少数”和加强新时代农村党员队伍建设；第七章为准确把握乡村振兴中的人才振兴，分别从人才振兴是乡村振兴的关键因素、准确把握乡村振兴对乡村人才提出的新要求、创造有利于各类人才成长、发挥作用的良好环境和河南乡村人才振兴的路径及对策四个方面展开介绍；第八章以河南省为例谈乡村振兴与脱贫成果巩固的实践探索，主要介绍了河南全面推进乡村振兴的做法，并对孟津、原阳、商城、新县等地的典型实践探索案例做了介绍，在此基础上形成了河南巩固脱贫攻坚成果与乡村振兴有效衔接的经验总结。

本书得到了以下三个项目（团队）的资助：河南省脱贫减贫与乡村振兴深度融合策略研究（2021-JCZD-26）、河南省探索建立全面脱贫与乡村振兴有效衔接体制机制研究（2020JC29）、脱贫成效巩固与乡村振兴有效衔接研究创新型科技团队，在此表示由衷的感谢。

在撰写本书的过程中，著者参考和借鉴了权威学者的著作和文献，在此表示诚挚的谢意。由于著者水平有限，书中难免存在一些不足之处，欢迎广大读者批评指正，著者不胜感激。

著　者

2023 年 3 月 18 日

目录

CONTENTS

第一章

大国振兴：乡村振兴战略与脱贫攻坚战

第一节　乡村振兴战略

农业农村农民问题是关系国计民生的根本性问题，必须始终把解决好“三农”问题作为全党工作的重中之重。党的十九大报告提出实施乡村振兴战略，这是党中央着眼“两个一百年”奋斗目标导向和农业农村“短腿”“短板”的问题导向作出的战略安排。坚持农业农村优先发展，是我们党的战略决断，是中国基本国情的必然选择，是以人民为中心的具体体现。实施乡村振兴战略的总目标是农业农村现代化，总方针是坚持农业农村优先发展，总要求是产业兴旺、生态宜居、乡风文明、治理有效、生活富裕，制度保障是建立健全城乡融合发展体制机制和政策体系。实施乡村振兴战略是全面解决人民日益增长的美好生活需要和不平衡不充分的发展之间的矛盾的必然要求，对促进城乡融合发展、全面建成社会主义现代化强国，实现中华民族伟大复兴的中国梦等具有重大而深远的意义，也为做好新时代农业农村工作指明了前进方向、提供了根本遵循。

一、乡村振兴战略的提出

党的十九大报告首次提出要实施乡村振兴战略，即“要坚持农业农村优先发展，按照产业兴旺、生态宜居、乡风文明、治理有效、生活富裕的总要求，建立健全城乡融合发展体制机制和政策体系，加快推进农业农村现代化”。所以，党中央提出要实施乡村振兴战略，有着深刻的历史背景和现实依据。首先，实施乡村振兴战略是针对我国社会主要矛盾变化做出的重要选择。党的十九大报告提出，我国社会主要矛盾已转变为人民日益增长的美好生活需要和不平衡不充分的发展之间的矛盾。解决主要矛盾和矛盾的主要方面成为国家政策工作的重点。而我国经济社会发展最大的不平衡是城乡发展不平衡，最大的不充分是农村发展不充分。解决主要矛盾和矛盾的主要方面就是要解决当前城乡发展差距问题，通过乡村振兴战略实现农村与城市发展并重。其次，实施乡村振兴战略是开启全面建设社会主义现代化国家新征程的必然选择。党的十九大报告清晰描绘了我国全面建成社会主义现代化强国的时间表和路线图。全面建成社会主义现代化强国，必然离不开农业农村的现代化。实施乡村振兴战略，旨在坚持农业农村优先发展，推进农业农村现代化进程，补上社会主义现代化过程中的农业农村这个短板和弱项，顺利实现党的第二个百年奋斗目标。

实施乡村振兴战略是解决中国城乡发展不平衡问题的重要途径。如何建设乡村，如何发展乡村以及如何缩小城乡差距，成为无法逾越的现实问题。只有从根本上调整城乡关系，加快推进农业农村现代化，才能使上述问题得到彻底解决。近年来，在党中央的统一部署和一系列强农、惠农、富农政策支持下，中国“三农”事业取得了较好进展，城乡关系朝着良性互动的方向前进。但是，中国农业竞争力不强、农村发展滞后、农民收入水平较低的状况尚未得到根本性改变，“农业弱、农村穷、农民苦”在局部地区表现得依然相当尖锐。党中央实施乡村振兴战略，就是要从根本上解决“三农”问题。乡村振兴战略突破了过去围绕城市的需要制定农业政策、确定农村发展战略的思路，使农村不再附属于城市，农业也不再从属于工业，为解决“三农”问题建立了基本的制度背景。

2018 年 1 月，《中共中央 国务院关于实施乡村振兴战略的意见》提出了乡村振兴的分阶段目标任务，明确到 2020 年，乡村振兴取得重要进展，制度框架和政策体系基本形成；到 2035 年，乡村振兴取得决定性进展，农业农村现代化基本实现；到 2050 年，乡村全面振兴，农业强、农村美、农民富全面实现。2021年1月，中央一号文件《中共中央 国务院关于全面推进乡村振兴加快农业农村现代化的实施意见》把乡村建设摆在社会主义现代化建设的重要位置，要求全面推进乡村产业、人才、文化、生态、组织振兴，充分发挥农业产品供给、生态屏障、文化传承等功能，走中国特色社会主义乡村振兴道路，加快农业农村现代化。2021年6月，《中华人民共和国乡村振兴促进法》正式实施，这是我国第一部直接以“乡村振兴”命名的法律，填补了国内乡村振兴领域的立法空白，标志着乡村振兴战略迈入有法可依、依法实施的新阶段。2022年1月，《中共中央 国务院关于做好2022年全面推进乡村振兴重点工作的意见》，对2022年全面推进乡村振兴重点工作进行了部署，明确了两条底线任务：保障国家粮食安全和不发生规模性返贫；三方面重点工作，包括乡村发展、乡村建设、乡村治理；推动实现“两新”，即乡村振兴取得新进展、农业农村现代化迈出新步伐。

二、乡村振兴战略的目标

按照党的十九大提出的决胜全面建成小康社会、分两个阶段实现第二个百年奋斗目标的战略安排，实施乡村振兴战略的目标任务也分步进行：第一，到2020年，乡村振兴取得重要进展，制度框架和政策体系基本形成。在该阶段，要确保农业综合生产能力稳步提升，农业供给体系质量明显提高，农村一二三产业融合发展水平进一步提升；农民增收渠道进一步拓宽，城乡居民生活水平差距持续缩小；现行标准下农村贫困人口实现脱贫，贫困县全部摘帽，解决区域性整体贫困；农村基础设施建设深入推进，农村人居环境明显改善，美丽宜居乡村建设扎实推进；城乡基本公共服务均等化水平进一步提高，城乡融合发展体制机制初步建立；农村对人才吸引力逐步增强；农村生态环境明显好转，农业生态服务能力进一步提高；以党组织为核心的农村基层组织建设进一步加强，乡村治理体系进一步完善；党的农村工作领导体制机制进一步健全；各地区各部门推进乡村振兴的思路举措得以确立。第二，到2035年，乡村振兴取得决定性进展，农业农村现代化基本实现。在该阶段，要实现农业结构得到根本性改善，农民就业质量显著提高，相对贫困进一步缓解，共同富裕迈出坚实步伐的目标；城乡基本公共服务均等化基本实现，城乡融合发展体制机制更加完善；乡风文明达到新高度，乡村治理体系更加完善；农村生态环境根本好转，美丽宜居乡村基本实现。第三，到2050年，乡村全面振兴，农业强、农村美、农民富全面实现。

第二节 脱贫攻坚战

一、为什么要打脱贫攻坚战

脱贫攻坚战是消除绝对贫困的必然选择。经济增长的涓滴效应和区域扶贫开发政策不能使所有贫困群体脱贫。大量研究表明，从20世纪80年代开始，持续快速的经济增长是中国减贫取得重要成就的主因，扶贫开发起到了重要的补充作用，其主要的扶贫策略是采用区域开发。区域开发政策明显改善了贫困地区的生产生活条件，进而使贫困地区的人口也享受到了发展红利。但是，经济发展的涓滴效应与个体禀赋密切相关，能力强的个体在经济发展的带动下容易实现脱贫，而发展能力弱的群体很难从一般的经济增长和区域扶贫开发政策中受益。数次大规模区域性扶贫计划都没有彻底解决贫困问题，总有一部分人没有摆脱贫困。没有精准到人到户的帮扶，延续之前以区域为对象的扶贫措施，剩余贫困人口将依然无法全部实现脱贫。因此，中央作出了打赢脱贫攻坚战的决定，并以精准扶贫作为基本方略。

二、脱贫攻坚战的目标

早在2016年12月，国务院印发的《“十三五”脱贫攻坚规划》就再次强调了脱贫攻坚的总体目标，并进一步量化增收目标，即人均可支配收入稳定超过国家扶贫标准，贫困地区农民人均可支配收入要比2010年翻一番以上。规划对贫困县基础设施和基本公共服务能力和水平有了更多要求，提出要全面解决出行难、上学难、就医难等问题，实现社会保障全覆盖等。这在 2018 年《中共中央 国务院关于打赢脱贫攻坚战三年行动的指导意见》中得以进一步扩充，对贫困地区的路、水、电建设有更高的要求，如要求贫困地区具备条件的乡镇和建制村要通硬化路，贫困村要全部实现通动力电，全面解决贫困人口的住房和饮水安全问题，贫困村达到人居环境干净整洁的基本要求，切实解决义务教育学生因贫失学辍学问题，基本养老保险和基本医疗保险、大病保险实现贫困人口全覆盖，最低生活保障实现应保尽保。脱贫攻坚的目标是要彻底解决绝对贫困问题，明确到 2020 年确保现行标准下农村贫困人口实现脱贫，贫困县全部摘帽，解决区域性整体贫困。《中国农村扶贫开发纲要（2011—2020 年）》提出了全面消除农村贫困的目标。在此目标上衍生出一些量化指标，核心是稳定实现农村扶贫对象不愁吃、不愁穿，义务教育、基本医疗和住房安全有保障（即"两不愁三保障"），贫困人口的收入超过贫困线。同时还提出了确保贫困地区农民人均纯收入增长幅度高于全国平均水平，基本公共服务主要领域指标接近全国平均水平，并对贫困地区基础设施建设、基本公共服务等方面也提出了具体目标要求。在提出"脱贫攻坚"后，又进一步明确了脱贫攻坚的总体目标，《中共中央 国务院关于打赢脱贫攻坚战的决定》在"两不愁三保障"和收入增长目标之外，明确提出，到 2020 年，我国现行标准下农村贫困人口实现脱贫，贫困县全部摘帽，解决区域性整体贫困。2022 年，要进一步巩固拓展脱贫攻坚成果，接续推动脱贫攻坚成果同乡村振兴有效衔接，加快推进脱贫地区乡村产业、人才、文化、生态、组织等全面振兴，为全面建设社会主义现代化国家开好局、起好步奠定坚实基础。

三、脱贫攻坚战的组织体系

（一）脱贫攻坚组织机构

脱贫攻坚延续了已有的组织架构体系，依托行政体系建立了自上而下的组织机构，共分为五级，依次是中央政府、省（自治区、直辖市）、市、县（市、区）和乡（镇）。中央政府成立了由相关行政职能部门组成的国务院扶贫开发领导小组，统筹国家扶贫开发，负责组织、指导、协调、监督和检查扶贫开发总体工作。国务院扶贫开发领导小组下设办公室，负责承担领导小组的日常工作。领导小组的组长通常由国务院副总理兼任，领导小组成员单位来自多个党政相关组织和部门。扶贫开发领导小组不断壮大使得领导小组的统筹协调能力越来越强，为建立大扶贫格局奠定了基础。省（自治区、直辖市）、州（市）和县（市、旗）也建立了相应的领导小组，领导和协调当地的扶贫开发工作。各层级小组成员单位基本效仿上级政府的安排，组长由党政部门主要负责人担任，成员则由各个部门的主要负责人担任。此外，村一级本身不纳入行政体系，但村是落实各项扶贫政策的“最后一公里”。由于部分贫困村干部缺乏高效治理能力，基层组织软弱涣散，政府制定了驻村帮扶制度，对所有的贫困村和基层组织涣散村派驻工作队，原则上每个驻村工作队一般不少于 3 人，每期驻村时间不少于 2 年。干部驻村期间不承担原单位工作，党员组织关系转接到所驻贫困村，确保全身心专职驻村帮扶。驻村干部为落实各项帮扶政策发挥了重要作用，不但实现了建档立卡贫困村驻村工作队选派全覆盖，还逐步向有扶贫任务的非贫困村拓展。脱贫攻坚结束后，依然执行驻村帮扶制度，继续巩固拓展脱贫攻坚成果，确保不发生规模性返贫。

（二）脱贫攻坚的责任制度

早期中国的扶贫开发实行分级负责、以省为主的行政领导扶贫工作责任制。脱贫攻坚期间，按照中央统筹、省负总责、市县抓落实的工作机制，主体责任下移至市县，并构建了“五级书记抓扶贫”的责任机制，实施中央、省、市、县、乡层层签订脱贫攻坚责任书。党中央、国务院主要负责制定脱贫攻坚大方针，颁布重大政策措施，完善制度和机制，规划重大工程项目，协调全局性重大问题和全国共性问题。省级党委和政府全面负责辖区内的脱贫攻坚工作，并确保责任层层落实，全面贯彻党中央、国务院的重大方针政策，并结合本地区实际情况进行具体实施，根据脱贫目标制定省级脱贫攻坚滚动规划和年度计划，并按计划实施。市县级党委和政府承担脱贫攻坚主体责任，落实省级党委和政府的政策。市级党委和政府监督辖区内跨县扶贫项目的落实、资金使用和管理，督促脱贫目标任务的完成。县级党委和政府负责制定实施规划，优化资源要素配置，指导乡、村实施贫困村、贫困人口建档立卡和退出工作，因地制宜地制定乡、村精准扶贫的指导意见并监督实施，确保贫困县退出的真实性和有效性。此外，要求贫困县党政正职在脱贫攻坚期内保持稳定，为打赢脱贫攻坚战提供组织保障。在责任制度的影响下，脱贫攻坚成为“三农”工作的重要抓手。在此过程中市、县两级政府充分调动贫困群众的主动性和创造性，把脱贫攻坚政策落实到村到户到人，并强化贫困村基层党组织建设，选优配强和稳定基层干部队伍，推动了“三农”事业取得长足进展。

（三）脱贫攻坚的动员机制

全党全国全社会的集体动员是打赢脱贫攻坚战的重要保障。政府积极鼓励政府机关、事业单位、国有大中型企业、军队和武警部门、东部发达地区、民营企业、民间组织等多方力量广泛参与脱贫攻坚。一方面，政府通过制度化和组织化的方式将扶贫工作纳入了自上而下的工作机制，除了由扶贫部门开展的专项扶贫，各行业职能部门也被动员起来，按照其法定职能分工和国家确定的扶贫任务，承担完成行业扶贫开发。另一方面，通过积极引导社会组织、社会团体、企事业单位等社会力量也充分参与到脱贫攻坚中，充分调动各方资源，在资金支持、产业发展、干部交流、人员培训及劳动力转移就业等方面为贫困地区提供帮扶，不仅补充了政府专项扶贫资源的不足，也使脱贫攻坚成为全社会的共识。

（四）脱贫攻坚的监督机制

为有效推进脱贫攻坚政策落实，政府建立起完备的监督体系、形成了多元主体参与的监督机制，并使监督机制贯穿脱贫攻坚全过程各环节，主要包括督查巡查、民主监督、社会监督三部分内容。一是督查巡查。中共中央办公厅、国务院办公厅颁布《脱贫攻坚督查巡查工作办法》指出，督查工作坚持目标导向，着力推动工作落实，重点内容包括脱贫攻坚责任落实情况，专项规划和重大政策措施落实情况，减贫任务完成情况以及特困群体脱贫情况，精准识别、精准退出情况，行业扶贫、专项扶贫、东西部扶贫协作、定点扶贫、重点扶贫项目实施、财政涉农资金整合等情况。巡查工作坚持问题导向，着力解决突出问题，根据工作需要组织开展省级之间交叉督查和巡查。巡查的重点问题包括干部在落实脱贫攻坚目标任务方面是否存在失职渎职，不作为、假作为、慢作为，是否有贪占挪用扶贫资金，违规安排扶贫项目，贫困识别、退出严重失实，弄虚作假搞“数字脱贫”等，此外，还重点关注是否有违反贫困县党政正职领导稳定纪律要求和贫困县约束机制等。二是民主监督。由民主党派开展脱贫攻坚民主监督是颇具中国特色的体制创新。8个民主党派中央分别对口8个全国贫困人口多、贫困发生率高的中西部地区，其中民革中央对口贵州、民盟中央对口河南、民建中央对口广西、民进中央对口湖南、农工党中央对口云南、致公党中央对口四川、九三学社中央对口陕西、台盟中央对口甘肃。民主监督内容主要包括贫困人口精准识别情况，贫困人口精准脱贫情况，贫困县摘帽情况，落实脱贫攻坚责任制情况，重大政策措施执行情况，扶贫资金项目管理使用情况。三是社会监督。社会监督主要是媒体、个人等社会力量对脱贫攻坚进行监督。推进党务公开和脱贫攻坚重大政策公示公告制度，让人民群众充分了解涉及自身切身利益的重要决策，对政策落实起到群众监督的作用。建立信访监督渠道，设立12317扶贫监督举报电话，畅通人民群众举报和监督渠道。强化新闻媒体的舆论监督功能，加强对脱贫攻坚重大政策落实情况、党规党纪执行情况的监督，加大对扶贫领域微腐败等侵害群众利益行为的曝光力度。

四、脱贫攻坚战的政策体系

（一）专项扶贫政策

专项扶贫是指安排专项扶贫资金、设立专项扶贫项目的扶贫方式。财政专项扶贫资金是脱贫攻坚最大的资金投入来源，其支出方向包括扶贫发展、少数民族发展、以工代赈、国有贫困农场扶贫、国有贫困林场扶贫、“三西”农业建设。资金使用主要围绕培育和壮大贫困地区特色产业、改善小型公益性生产生活设施条件、增强贫困人口自我发展能力和抵御风险能力等。党的十八大以来，各级财政和扶贫部门全力保障脱贫攻坚资金投入，一般性转移支付资金、各类涉及民生的专项转移支付资金和中央预算内投资进一步向贫困地区和贫困人口倾斜，为如期打赢脱贫攻坚战提供了财力保障。中央财政专项扶贫资金累计下达 6 500 多亿元，从 2016 年开始每年新增 200 亿元，同时，累计投入中央专项彩票公益金 100 亿元。2018—2020 年共安排支持“三区三州”等深度贫困地区增量资金 2 800 多亿元。

（二）行业扶贫政策

行业扶贫作为“三位一体”大扶贫格局的重要举措之一，主要是指农业、水利、交通、住建、教育、卫生等行业部门，支持贫困地区和贫困人口发展的政策和项目，承担着改善贫困地区发展环境、提高贫困人口发展能力的任务。在脱贫攻坚期间，各行业各部门围绕“两不愁三保障”重点问题，切实履行本行业职能范围内的业务指导等职责，科学制定行业扶贫专项政策，配置公共资源（包括财政资源、自然资源、人才资源、技术资源、文化资源、项目资源、政策资源等），在规划制定、产业布局、项目投资、转移支付、政策优惠等方面，向贫困地区和贫困人口倾斜，极大改善了贫困地区和贫困群众的生产生活条件。

（三）社会扶贫政策

社会扶贫是中国扶贫工作的一大特色，通过动员、鼓励和号召的方式充分调动广大人民群众、社会组织、社会团体、企事业单位的积极性，主动加入到脱贫攻坚中。社会扶贫包括定点扶贫、东西部扶贫协作、企业和社会各界参与扶贫等。定点扶贫工作最初是由科技、农业、林业、地质矿产等 10 个部委分别在全国 18 个集中连片贫困地区开展定点扶贫，到 21 世纪，参与定点扶贫的单位扩大到党政军机关、企事业单位，对国家扶贫开发工作重点县实现了全覆盖。国有企业、外资企业、民营企业都以不同的形式发挥资金、技术、市场、管理等优势参与脱贫攻坚，通过资源开发、产业培育、市场开拓、村企共建等多种形式到贫困地区投资兴业、培训技能、吸纳就业、捐资助贫等，发挥辐射和带动作用。由中华全国工商业联合会、国务院扶贫办、中国光彩事业促进会于 2015 年 10 月发起“万企帮万村”。截至 2020 年 6 月底，进入“万企帮万村”精准扶贫行动台账管理的民营企业有 10.95 万家，精准帮扶 12.71 万个村（其中建档立卡贫困村 6.89 万个），产业投入 915.92 亿元，公益捐赠 152.16 亿元，安置就业 79.9 万人，技能培训 116.33 万人，带动和惠及 1 564.52 万建档立卡贫困人口脱贫。

五、脱贫攻坚战的实施方式

（一）精准识别

精准扶贫、精准脱贫的基础就是精准识别。精准扶贫是要“扶真贫、真扶贫”。精准扶贫的基本前提就是要“识真贫”，解决好“扶持谁”的问题，确保把真正的贫困人口弄清楚，把贫困人口、贫困程度、致贫原因等搞清楚，以便做到因户施策、因人施策。中办、国办印发《关于创新机制扎实推进农村扶贫开发工作的意见》，提出建立精准扶贫工作机制。全国统一部署开展建档立卡工作，把户年人均纯收入低于贫困标准且未实现“两不愁三保障”作为基本识别标准，明确了识别建档立卡贫困户和贫困村的目标、方法、工作要求等。各省按照县为单位、规模控制、分级负责、精准识别、动态管理的原则，建立起“省—贫困县—贫困村—贫困户”由上而下的贫困识别体系，根据贫困状况，逐户、逐村、逐县、逐区域建档立卡，实现“户有卡、村有册、乡镇有簿、县有档、省市有信息平台”的多维立体档案体系，形成了覆盖所有贫困户、贫困村的全国扶贫信息网络系统。在贫困户识别方面，采用“两公示、一公告”的认定程序，即村里民主评议后公示、乡镇审核后公示、县里进行比对后公告。在贫困村识别方面，按照“一高、一低、一无”，即贫困发生率高于全省贫困发生率1倍以上、农民人均纯收入低于全省平均水平60%、无集体经济收入的标准进行识别，由行政村自行申请，报乡镇审核，最后由县审定。2018年，进一步优化指标体系，完整记录了贫困人口识别、帮扶、退出的全过程，确保把真正的贫困人口弄清楚，解决了“扶持谁”的问题，使我国农村贫困数据第一次实现了到村、到户、到人。

（二）精准管理

精准扶贫，就是要对扶贫对象实行精细化管理，对扶贫资源实行精确化配置，对扶贫对象实行精准化扶持，确保扶贫资源真正用在扶贫对象身上、真正用在贫困地区。通过对扶贫对象、参与扶贫的主体、扶贫资金、扶贫项目等进行系统、科学、精准的管理，做到既各司其职、各尽其责，又协调运转、协同发力。扶贫项目的审批管理权限下放到县，实行目标、任务、资金和权责“四到县”制度。各级财政部门共同配合，推动扶贫项目资金实施全过程绩效管理，加强财政监督检查和审计、稽查等工作，建立扶贫资金违规使用责任追究制度。从严惩处扶贫领域虚报冒领、截留私分、贪污挪用、挥霍浪费等违法违规问题。建立扶贫公告公示制度，省市县扶贫资金分配结果一律公开，乡、村两级扶贫项目安排和资金使用情况一律公告公示，接受群众和社会监督，保障资金在阳光下运行。

（三）精准帮扶

精准帮扶是在精准识别的基础上，根据贫困人口的状况和致贫原因，因人因户施策，量身定制扶持措施，总体思路是实施“五个一批”。一是通过发展生产和就业脱贫一批。各地把培育产业作为推进脱贫攻坚的主要出路，立足当地资源，采取宜农则农、宜林则林、宜牧则牧、宜商则商、宜游则游，因地制宜发展对贫困户增收带动作用明显的种植业、养殖业、林草业、农产品加工业、特色手工业、休闲农业和乡村旅游等，积极培育和推广有市场、有品牌、有效益的特色产品，建立了基本覆盖所有建档立卡贫困人口的扶贫产业体系。二是通过易地搬迁脱贫一批。对居住在生存条件恶劣、自然灾害频发、“一方水土养活不了一方人”地区的贫困人口，实施易地扶贫搬迁。三是通过生态补偿脱贫一批。国家实施的重大生态工程，在项目和资金安排上进一步向贫困地区倾斜，加大贫困地区生态保护修复力度。四是通过发展教育脱贫一批。治贫先治愚，扶贫先扶智，教育是阻断贫困代际传递的治本之策。我国已形成涵盖学前教育、基础教育、职业教育、特殊教育等类型的综合性教育扶贫体系。五是通过社会保障兜底一批。兜底保障是脱贫攻坚最后一道防线。中央不断完善农村低保、特困人员救助供养、临时救助等基本生活救助制度，做到所有符合条件的贫困家庭都纳入低保范围，实现“应保尽保、应兜尽兜”。

（四）精准考核

精准扶贫是为了精准脱贫，必须发挥考核的指挥棒作用，解决“如何退”的问题。一方面，建立严格的考核评估制度，考核各地各部门责任、政策和工作落实情况，把脱贫攻坚实绩作为选拔任用干部的重要依据，表彰并提拔使用长期在贫困地区一线、实绩突出的干部。对落实不力的部门和地区，由国务院扶贫开发领导小组约谈其党政主要领导，同时问责不作为的领导干部，对问题严重的、违法违纪的相关人员进行严肃处理。另一方面，对贫困退出进行考核评估，规范贫困县、贫困村、贫困人口退出组织实施工作，确保如期实现脱贫攻坚目标。中共中央办公厅、国务院办公厅印发《关于建立贫困退出机制的意见》，明确了贫困退出的标准与程序，设定了时间表，实现有序退出。贫困人口脱贫退出以户为单位，主要衡量标准是该户年人均纯收入稳定超过国家扶贫标准且吃穿不愁，义务教育、基本医疗、住房安全有保障。贫困村退出以贫困发生率为主要衡量标准，统筹考虑村内基础设施、基本公共服务、产业发展、集体经济收入等综合因素。原则上贫困村贫困发生率降至2%以下（西部地区降至3%以下）。贫困县退出以贫困发生率为主要衡量标准，主要由各省（自治区、直辖市）统一组织第三方评估，中央结合脱贫攻坚督查巡查工作，对贫困县退出进行抽查。2016年28个贫困县实现脱贫摘帽，2017年退出125个，2018年退出283个，2019年退出344个，2020年退出52个。

第三节 巩固脱贫攻坚成果与乡村振兴有效衔接

党的十八大以来，中国进入全面建成小康社会、实现第一个百年奋斗目标的关键阶段。经过 8 年持续奋斗，到 2020 年底，如期完成新时代脱贫攻坚目标任务，现行标准下 9 899 万农村贫困人口全部脱贫，832 个贫困县全部摘帽，12.8 万个贫困村全部出列，区域性整体贫困得到解决，完成消除绝对贫困的艰巨任务。这意味着中国全面消除绝对贫困，提前 10 年实现《联合国 2030 年可持续发展议程》减贫目标，不仅是中华民族发展史上具有里程碑意义的大事件，也为全球减贫事业发展和人类发展进步作出了重大贡献。然而，消除绝对贫困的成就是在诸多政策支持和投入的基础上取得的，脱贫攻坚期内的成就尚不牢固，存在“两不愁三保障”不稳定，产业发展基础薄弱，脱贫人口发展能力和内生动力不强等问题。在打赢脱贫攻坚战、全面建成小康社会新阶段，要不断巩固拓展脱贫攻坚成果，防止大规模返贫，做好乡村振兴这篇大文章，接续推进脱贫地区发展和群众生活改善。

一、防止规模性返贫

返贫的概念界定存在狭义与广义之分。狭义的返贫是指原有贫困群体在实现脱贫之后，又返回到贫困状态的过程；广义的返贫将贫困户遭遇的风险纳入研究范畴，是诸多风险综合作用的体现，是没有实现完全脱贫的状态，既包括已脱贫群体再次回到贫困的状态，又包括非贫困人口受各类制约因素影响导致收入条件恶化而沦为贫困群体的现象。这里的返贫一般泛指生活在贫困标准之上的非贫困人口陷入贫困的情况，包括已脱贫建档立卡人口返回贫困和非贫困人口陷入贫困两种情形。即在 2020 年所有建档立卡贫困人口全部脱贫之后，所有新出现的贫困广义上都可以视同返贫。规模性返贫则是指某一类型人群中较高比例的人口同时返贫或某一区域同时出现较大数量返贫人口。与单个零星的返贫案例相比，规模性返贫背后的机理通常比较复杂、产生的社会影响更大，需要引起更多的关注和重视。

在“三农”工作重点转移的条件下，防范化解规模性返贫风险，巩固拓展脱贫攻坚成果，进而实现巩固拓展脱贫攻坚成果与乡村振兴有效衔接，对于全面推进乡村振兴、实现“两个一百年”奋斗目标具有重要意义。第一，防止规模性返贫是巩固脱贫攻坚成果的坚实基础，也是全面推进乡村振兴战略的底线任务。由于部分脱贫人口的收入水平比较低或者收入中对政策性补助依赖较高、脱贫质量不够稳定以及不可控制因素的影响等原因，少数脱贫人口仍存在返贫风险；部分低收入人口也可能因为家庭人口变动因素或遭受外部冲击等原因而致贫。及时有效防范和化解返贫风险、保证贫困人口动态清零，才能全面推进乡村振兴战略，扎实推进共同富裕进程。第二，防止规模性返贫是一项长期任务，要持之以恒，久久为功。脱贫攻坚取得全面胜利后，形成返贫风险的内外因素会在较长时期内存在，防范化解规模性返贫风险将成为今后较长时期必须面对的挑战，甚至可能会伴随我国全面建设社会主义现代化国家的整个过程，不可懈怠。无论是过渡期还是衔接期，必须坚决防范化解规模性返贫风险，全面巩固拓展脱贫攻坚成果，进而实现巩固拓展脱贫攻坚成果与乡村振兴有效衔接，这是新征程推进乡村全面振兴的工作基础和发展前提。

防止规模性返贫，巩固脱贫攻坚成果，需要从战略高度进行谋划。根据《中共中央 国务院关于打赢脱贫攻坚战三年行动的指导意见》和《中共中央 国务院关于抓好“三农”领域重点工作确保如期实现全面小康的意见》精神，2020 年国务院扶贫开发领导小组颁发《关于建立防止返贫监测和帮扶机制的指导意见》，把防止返贫作为当前及今后一个时期农村工作的重要任务。意见中明确，首先要坚持事前预防与事后帮扶相结合。防止大规模返贫，应坚持事前预防与事后帮扶相结合。建立在对影响返贫风险因素的分析和针对性准备基础上的事前预防，可以提高防返贫干预的主动性和投入产出效率，在更大程度上减少返贫的发生。在事前预防的基础上，若出现返贫和新致贫，要及时纳入建档立卡，享受巩固脱贫成果的相关政策，实施精准帮扶。其次，要坚持开发式帮扶与保障性措施相结合。针对不同类型的农户精准施策，采用开发性帮扶措施支持有劳动能力的返贫高风险人群和返贫人口发展产业、转移就业，通过提升自我发展能力实现稳定脱贫；采取保障性帮扶措施支持丧失劳动能力或短期内难以通过开发式帮扶的返贫人口维持正常生活，进而实现稳定脱贫。再次，坚持政府主导与社会参与相结合。防止大规模返贫，需要充分发挥政府、市场和社会的作用，在强化政府责任的同时，要有序引导市场、社会协同发力，形成防止返贫的“政府—市场—社会”的工作合力。最后，坚持外部帮扶与群众主体相结合。防止大规模返贫，同样需要发挥群众的主体作用。在完善外部帮扶作用的同时，还要强化勤劳致富导向，注重培养存在返贫风险的脆弱人群的艰苦奋斗意识，积极提升其自我发展能力。

意见中也对监测方法和帮扶措施进行了明确。监测对象以家庭为单位，主要包括三类农户，即已脱贫但不稳定的建档立卡户、收入和其他条件略高于脱贫标准的边缘户、突发严重困难导致支出骤增而生活出现困难的脱贫户和非贫困户。监测对象规模一般为建档立卡人口的5%左右，深度贫困地区原则上不超过10%。监测范围包括人均可支配收入低于国家扶贫标准1.5倍左右的家庭，以及因病、因残、因灾、因新冠肺炎疫情影响等引发的刚性支出明显超过上年度收入和收入大幅缩减的家庭。监测程序以县级为单位组织开展，通过农户申报、乡村干部走访排查、相关行业部门筛查预警等途径，由县级扶贫部门确定监测对象，录入全国扶贫开发信息系统，实行动态管理。帮扶措施包括产业帮扶、就业帮扶、综合保障、扶志扶智和其他帮扶。监测对象中具备发展产业条件的，要对其实施生产经营技能培训，提供扶贫小额信贷支持，并动员龙头企业、专业合作社等带动其发展生产。对具备劳动能力的监测对象，要加强劳动技能培训，通过劳务帮扶协作、扶贫车间建设等，帮助其转移就业。对无劳动能力的监测对象，要强化低保、医疗、养老保险和特困人员救助供养等综合性社会保障措施，确保应保尽保。要引导监测对象通过自己劳动实现脱贫致富，对自强不息、稳定脱贫致富的给予物质奖励和精神激励。另外，要鼓励各地创新帮扶手段，广泛动员社会力量参与扶贫助困。

2021 年中央一号文件《中共中央 国务院关于全面推进乡村振兴加快农业农村现代化的意见》中提到，健全防止返贫动态监测和帮扶机制，对易返贫致贫人口及时发现、及时帮扶，守住防止规模性返贫底线。2022 年中央一号文件《中共中央 国务院关于做好2022 年全面推进乡村振兴重点工作的意见》提到，要坚决守住不发生规模性返贫底线，重点体现在完善监测帮扶机制、促进脱贫人口持续增收、加大对乡村振兴重点帮扶县和易地搬迁集中安置区支持力度、推动脱贫地区帮扶政策落地见效四个方面。在监测帮扶机制上，精准确定监测对象，将有返贫致贫风险和突发严重困难的农户纳入监测范围，简化工作流程，缩短认定时间；针对发现的因灾因病因疫等苗头性问题，文件要求及时落实社会救助、医疗保障等帮扶措施。在促进脱贫人口增收方面，进一步明确推动脱贫地区更多依靠发展来巩固拓展脱贫攻坚成果，让脱贫群众生活更上一层楼；要发挥以工代赈作用，具备条件的可提高劳务报酬发放比例；统筹用好乡村公益岗位，实行动态管理，并关注到生态护林员政策，要求逐步调整优化。在加大对乡村振兴重点帮扶县和易地搬迁集中安置区支持力度方面，要求编制国家乡村振兴重点帮扶县巩固拓展脱贫攻坚成果同乡村振兴有效衔接实施方案、建立健全国家乡村振兴重点帮扶县发展监测评价机制。还特别进一步提到落实搬迁群众户籍管理、合法权益保障、社会融入等工作举措。在推动脱贫地区帮扶政策落地见效方面，对协作领域的范围进一步细化，关注到了区县、村企、学校、医院等结对帮扶。此外，也特别提到创建消费帮扶示范城市和产地示范区，发挥脱贫地区农副产品网络销售平台作用。

二、巩固拓展脱贫攻坚成果

巩固拓展脱贫攻坚成果，对于可持续和稳定脱贫具有重要意义，也是在为全面建设社会主义现代化国家奠定坚实基础。党和国家高度重视巩固拓展脱贫攻坚成果。党的十九届四中全会通过的《中共中央关于坚持和完善中国特色社会主义制度、推进国家治理体系和治理能力现代化若干重大问题的决定》，提出“坚决打赢脱贫攻坚战，巩固脱贫攻坚成果，建立解决相对贫困的长效机制”。党的十九届五中全会又将“脱贫攻坚成果巩固拓展，乡村振兴战略全面推进”纳入“十四五”经济社会发展主要目标，提出“实现巩固拓展脱贫攻坚成果同乡村振兴有效衔接”的要求。2020年12月，《中共中央 国务院关于实现巩固拓展脱贫攻坚成果同乡村振兴有效衔接的意见》提出，要“建立健全巩固拓展脱贫攻坚成果长效机制”。2021年中央一号文件《中共中央 国务院关于全面推进乡村振兴加快农业农村现代化的意见》强调要“持续巩固拓展脱贫攻坚成果”。脱贫攻坚成果来之不易，巩固拓展脱贫攻坚成果，有两层含义：“巩固”重在强调脱贫攻坚成果的可持续和稳定性，做到不返贫不致贫；“拓展”重在强调对脱贫攻坚成果的不断发展，坚持提质增效。目前，已经彻底解决了现行标准下的绝对贫困问题，未来的工作重心将在巩固拓展脱贫攻坚成果的基础上，缓解相对贫困，实施乡村振兴战略。

虽然中国脱贫攻坚取得重大胜利，但由于贫困问题具有复杂性和系统性，巩固拓展脱贫攻坚成果的任务依然艰巨，一些方面仍然需要持续关注：一是返贫致贫风险仍然存在，脱贫不稳定户、边缘户和特殊困难群体具有较高返贫致贫风险；二是部分脱贫户有“精神贫困”层面的“等靠要”思想，内生发展动力不足；三是产业扶贫的可持续性，产业扶贫由政府主导，目标具有短期性，部分产业存在同质化问题，带动能力有待提升，市场作用发挥不足；四是深化“两不愁三保障”，核心指标要持续关注，如脱贫户房子现在处于危房边缘，但不是危房，未来有可能变成危房；五是脱贫户的持续增收问题，增收是稳定脱贫的重要基础；六是政策的调整与衔接，脱贫攻坚结束之后，需要充分研究政策的变不变和怎么接续的问题，如驻村帮扶政策、易地扶贫搬迁后续扶持政策等。

为巩固拓展脱贫攻坚成果，需做好动态监测和健全帮扶机制，重视内部风险因素和外部风险因素，防范化解返贫致贫风险。第一，健全动态监测机制，关注潜在风险对象。首先，要加强监测信息整合，优化贫困监测指标。后续动态监测可以仍然采用全国扶贫开发信息系统，但是需要改进数据库设计，如部分县及以上数据直接从统计部门获取、进一步开放权限等，方便日常使用及数据开发。后续动态监测工作应该扩展监测指标，特别是要关注“两不愁三保障”等脱贫攻坚核心指标的稳定性和改善状况。其次，要密切关注特殊困难群体。要重视农村老年人问题，一方面完善农村养老保险体系，适当提高农村养老保险缴纳的政府补贴比例，根据年龄设置差异化养老金发放标准，对于高龄和失能的老年人员发放高龄和失能补贴，引入商业养老保险等形式，形成多层次的养老保险体系；另一方面要创新养老方式，采用集体筹资和政府补贴相结合，提供针对性服务，最终形成以家庭养老为主、社会为辅和政府辅助的有效机制。要重点关注家中有患有严重疾病病人的农户，建立因病返贫致贫预警系统和完善健康保障体系，通过对全部农村人口看病自付医疗费用进行动态监测，可以快速掌握面临因病返贫致贫风险的农户，并及时进行排查和帮扶，降低因病返贫致贫风险。要重点解决重度残疾人的照顾照料问题，未来可以推动失能供养中心建设，对有意愿的重度残疾人实行集中供养，便于对其提供专业化的服务，也能释放家庭中的劳动力。

第二，提高人力资本，防范化解内部风险因素。首先，要完善健康保障体系，根据各地的经济发展水平确定合理的报销比例。要继续提升公共医疗和基层医疗服务水平，逐步把适用于原贫困人口的部分政策拓展到全体农村居民，加速建立全民重大疾病和慢性病救助体系。其次，要继续推行控辍保学政策，将控辍保学对象推广到非贫困人口、非义务教育阶段，提高整个农村地区各教育阶段的入学率和完成率；普及学前教育，提高学前教育覆盖率，缩小农村幼儿与城市幼儿在起跑线上的差距；加快职业技术教育发展，以就业和市场需求为导向，通过职业技术教育提升职业技能水平。再次，要构建技能培训体系，以就业和市场需求为导向，做好培训需求与培训内容的匹配，利用专业化人才进行培训，注重落到实处，重视培训效果的提升；培育多元化的农业技术推广主体，建设系统化的农业技术推广体系，瞄准脱贫人口提供精准化的培训。最后，注重内生动力培育，要做好帮扶需求与帮扶政策的匹配，调动农户参与的积极性；利用文化的力量消除存在的贫困文化，加强思想教育，引导内生动力不足的脱贫人口树立正确的价值观；适当优化帮扶政策，创新帮扶的方式，树立先进典型和发挥榜样引领作用。

第三，完善保险帮扶与后扶措施，防范化解自然风险。首先，要完善保险与再保险体系。进一步完善政策性农业保险，提高产品覆盖面，推广完全成本保险和收入保险；要发挥再保险的作用，最终形成多层次的保险体系，分散农业生产经营风险，保障脱贫户稳定增收；推广“防贫保险”，降低保险对象的风险。其次，强化易地扶贫搬迁后续扶持，全力保障后续扶持资金，完善易地扶贫搬迁集中安置点的公共服务和配套基础设施，做好户籍和社保等衔接政策的同步配套；发展产业和增加就业，要确保搬迁农户能够稳得住；重视搬迁社区的治理问题，分类分区精准化管理，确保和谐稳定，减少不稳定因素，开展多样化的社区活动，增强搬迁户的社区认同感和归属感，提高搬迁农户的社区融入程度。

第四，创新治理模式，防范化解社会风险。首先要提升村级治理水平，随着脱贫攻坚任务的完成，驻村帮扶的工作机制要根据目标任务进行优化调整，组织方式上可以适当灵活；不断加强对村干部的培训，出台措施引导乡村本土的精英或者“乡贤”回归乡村治理；促进自治、法治和德治“三治”融合，加强群众自治组织建设，激发农户的积极性与参与性，提高农户的法治素养，鼓励支持脱贫户主动学习法律法规政策，参与到法律法规政策的宣传活动中等，弘扬中华民族的传统美德，挖掘本土的典型人物并进行宣传，消除“精神贫困”。其次，要壮大村级集体经济，重视市场带动作用，推动村级集体经济发展的集约化、专业化和规模化经营；形成完善的村级集体经济组织法人的治理结构，加强对村级集体经济资金的监管力度；政府需要在政策扶持、规划引导和资金支持等方面推动村级集体经济发展，鼓励资本和人才支持村级集体经济发展。再次，创新协同帮扶模式，在发挥政府的支撑作用的同时，要注重发挥市场作用，利用市场机制激活农村的存量资源，促进资本和人才的流动；引入更多社会力量，深度吸收专业慈善机构或公益组织参与项目的管理等。

第五，深化产业就业帮扶，防范化解经济风险。首先，要稳固产业增收的效果。一是明确产业发展目标由短期向长期转变，要在产业扶贫基础上保持稳定的资金投入力度，保证产业发展的可持续性，增加产业发展的后发动力。二是明确产业发展瞄准对象的转变，巩固拓展产业扶贫成果需要瞄准农村地区全部的村与农户，追求高质量和长远化发展。三是要发挥市场的决定性作用，改变产业发展主要靠政府推动，要充分重视市场机制的作用，处理好政府和市场的关系。四是要做好扶贫产业资产的清产核资，完善扶贫产业资产的产权界定，明确扶贫产业资产的所有权、经营权、收益权和监督权，发挥更大的经济效益和社会效益。其次，要深化就业帮扶促稳岗就业。巩固拓展就业帮扶，一是构建就业培训体系，加大对脱贫人口职业技能培训力度，培训的内容既要结合主体意愿，也要以社会需求为导向，针对性开展培训，同时做好与其他相关政策的有效衔接，如教育帮扶和金融帮扶等，提升就业服务质量；二是重视发挥公益性岗位的作用，创新开发新的公益性岗位，健全公益性岗位管理制度，解决“人岗不匹配”问题，健全考核评价体系；三是加强东西部劳务协作，支持脱贫户外出务工，形成长期稳定的劳务输出，强化劳务输出跟踪服务，鼓励支持东中部劳动密集型产业向西部地区转移，提供相应的税收、土地和信贷等优惠政策。

三、有效衔接乡村振兴

脱贫攻坚与乡村振兴是中国实现社会主义现代化必须完成的两大重要战略任务，二者衔接关系密切。首先，脱贫攻坚与乡村振兴目标相连，层层推进。脱贫攻坚与乡村振兴紧扣“两个一百年”奋斗目标，本质上都是为建成社会主义现代化强国，实现共同富裕。从农民发展看，脱贫攻坚瞄准现行标准下农村贫困人口的“两不愁三保障”问题，乡村振兴在脱贫攻坚的基础上不断深化，提出了“生活富裕”“农民全面发展”的振兴要求。从区域发展看，脱贫攻坚重在解决区域性整体贫困，不断缩短贫困地区与全国农村平均水平的差距。乡村振兴旨在推动产业发展，提升乡村治理能力，促进城乡基础设施和公共服务的均等化，实现农业全面升级和农村的全面发展。其次，脱贫攻坚是乡村振兴先决前提，乡村振兴是巩固脱贫攻坚的力量保障。绝对贫困问题不解决，人的基本需求得不到满足，乡村振兴就无法实现。脱贫攻坚成果的长期稳固，则必须要乡村振兴作为后续支持。脱贫攻坚与乡村振兴的有机衔接，既不能以牺牲脱贫攻坚质量为前提，也不能以牺牲乡村振兴目标为前提。再次，脱贫攻坚与乡村振兴政策体系相互融合。脱贫攻坚的产业扶贫政策、就业扶贫政策、生态扶贫政策、健康扶贫政策、教育扶贫政策与乡村振兴阶段的产业发展、就业增收、生态保护、医疗保障、教育保障是一脉相承的，并为之奠定坚实基础。

实现脱贫攻坚与乡村振兴有机衔接，要充分借鉴和利用脱贫攻坚积累的成功经验，为乡村振兴战略的起步做好准备。衔接的重点内容主要体现在产业发展、生态环境、体制机制与基层治理、公共服务与生活质量等方面。

第一，从产业发展角度，继续实施产业扶贫政策和做好产业布局规划，是实现脱贫攻坚与乡村振兴有机衔接的关键环节。脱贫攻坚强调的产业扶贫、就业扶贫是贫困人口实现收入增长、摆脱贫困的重要手段，乡村振兴强调产业兴旺是重点。脱贫攻坚过程中，各地培育了大批能够带动贫困人口增收的产业，并探索不同的利益联结机制。但受贫困人口人力资本禀赋的影响，脱贫攻坚的产业扶贫主要依靠发展技术含量较低的初级农产品生产和劳动密集型非农产业来帮助贫困人口提高收入。乡村振兴则通过构建现代农业产业体系、生产体系、经营体系来提高农业创新力、竞争力和全要素生产率，实现由农业大国到农业强国的转变，这就意味着从长远看势必要淘汰一些比较优势不足、技术含量低的产业，并且更加依赖各类新型经营主体。脱贫攻坚与乡村振兴的产业衔接，需要在帮助脱贫人口实现产业发展和稳定就业与实现乡村振兴产业做强做大方面找寻合理的平衡，在实现脱贫地区产业升级的过程中使贫困人口受益。这就需要做好科学的产业布局规划，在出台鼓励新型经营主体发展产业的同时，充分借鉴产业扶贫的经验和模式，建立贫困人口和低收入人口可长期受益并有利于能力提高的利益联结机制。避免乡村振兴的产业扶持政策只惠及龙头企业和能人大户，从而违背缓解相对贫困和共同富裕的乡村振兴目标。

第二，从生态宜居角度，脱贫攻坚中易地扶贫搬迁政策和危房改造政策的实施为乡村振兴提供良好的政策和经验借鉴。现阶段，易地扶贫搬迁政策针对易地扶贫搬迁安置点的布局规划、搬迁户社会融入、习惯改变、后扶贫生计问题做了一系列重大的探索和尝试，这为日后乡村振兴阶段新型城镇化发展面临的村庄搬迁、整合提供了良好的借鉴。例如，搬迁过程中的成本控制、搬迁方式、土地的处置、基础设施、公共服务和社区管理等都形成了不同的模式。打赢脱贫攻坚战意味着所有贫困家庭的住房问题得以解决，危房改造政策的实施力度将逐步弱化，未来乡村振兴将逐步转向建设美丽宜居乡村，政策重点转向农村闲置危旧房拆除、污水处理、垃圾清运以及农村旱厕改造等生态和环境宜居方面。

第三，从体制机制来看，要实现脱贫攻坚与乡村振兴的有机衔接就需要借鉴脱贫攻坚构建的责任体系，建立一套科学的乡村振兴农村工作领导体制机制。在领导机制上，建立实施乡村振兴战略领导责任制，明确党政一把手是乡村振兴的第一责任人，要求省、市、县、乡、村五级书记一起抓乡村振兴，县委书记要当好乡村振兴的“一线总指挥”。在工作机制上，沿用“中央统筹、省负总责、市县抓落实”的工作机制，要求省级党委和政府每年向党中央、国务院报告推进实施乡村振兴战略的进展情况。在考核机制上，为确保乡村振兴责任落实到位，政策落地生根，将建立市县党政班子和领导干部推进乡村振兴战略的绩效考核制度，并将考核结果作为干部任用、选拔的重要标准。此外，第三方评估在脱贫攻坚成效考核中积累的成功经验对乡村振兴成效考核也具有重要的借鉴意义，值得总结经验后借鉴推广。

第四，从基层治理来看，脱贫攻坚期间各地向贫困村派驻“第一书记”、驻村工作队，长期驻村帮扶，落实干部与贫困户结对帮扶等。这些措施对帮助贫困村和贫困户摆脱贫困，促进贫困村村级集体经济发展有明显作用，对乡村振兴阶段如何增强村级治理能力，达到治理有效的目标有一定的借鉴意义。但乡村振兴涉及所有村庄，显然不能简单照搬脱贫攻坚的驻村帮扶方式。乡村振兴阶段具体驻村方式、驻村人员要求、驻村时间，应充分结合各地的实际情况，作出相应的调整，以增强乡村的法治、德治和自治能力为根本目标，共同迈向和谐社会。

第五，从医疗保障来看，脱贫攻坚阶段主要关注的是贫困人口的基本医疗保障，政策重点是让贫困人口看得上病、看得起病。政策措施包括县、乡、村三级医疗体系的建设，基本医疗保险和政策性大病保险对贫困人口全覆盖，提高贫困人口的报销比例，慢性病补助和签约服务，大病住院治疗实行“先诊疗、后付费”和“一站式”结算等优惠政策。这些政策措施的实施，对解决贫困人口因病致贫的问题起到重要作用。乡村振兴阶段，大部分脱贫攻坚期间对贫困人口的医疗保障政策都可以保留，部分政策可以扩展到全体农村居民。特别是以贫困人口大病、长期慢性病保障制度为蓝本，加速建立全民重大疾病和慢性病救助体系。但要防止部分地区出现的对贫困人口过度保障和过度医疗问题的发生，保障水平必须与当地的经济社会发展相适应，具有财政上的可持续性。医疗卫生部门要重视培养乡村医疗人才和全科医生，推进县乡村医共体建设。

第六，从教育保障来看，脱贫攻坚主要关注义务教育阶段贫困人口的辍学问题，并且针对贫困县的义务教育适龄儿童实施了“两免一补”政策。贫困县采取了许多有效的措施来控辍保学，防止贫困家庭的适龄儿童因贫、因厌学、因上学不便等原因辍学。这些措施完全可以在乡村振兴阶段用于非脱贫县和非脱贫人口，也可以用在非义务教育阶段，从而提高整个农村地区各教育阶段的入学率和完成率。工作重点放在提高学前教育普及率和高中教育入学率上，有条件的地区可将高中教育纳入义务教育阶段，实行 12 年义务教育。乡村振兴阶段仅关注适龄儿童辍学问题是远远不够的，教育质量问题将成为更重要的议题，也面临更多的挑战，需要创新性的政策和方式加以解决。基本公共服务的均等化有赖于农村教育质量的大幅度提高。

第二章

从脱贫攻坚到乡村振兴战略内涵的演变

党的十九大报告提出要实施乡村振兴战略，“坚持农业农村优先发展，按照产业兴旺、生态宜居、乡风文明、治理有效、生活富裕的总要求，建立健全城乡融合发展体制机制和政策体系，加快推进农业农村现代化”。2018 年，中共中央、国务院印发《乡村振兴战略规划（2018—2022 年）》（以下简称《规划》），对乡村振兴战略作出阶段性谋划，其中，《规划》指出产业兴旺是重点，生态宜居是关键，乡风文明是保障，治理有效是基础，生活富裕是根本。可见，乡村振兴内涵十分丰富，既包括经济、社会和文化振兴，又包括治理体系创新和生态文明进步，是一个全面振兴的综合概念。

脱贫攻坚与乡村振兴是实现中国农业与农村现代化、农民生活富裕必须完成的两大重大战略任务，具有很强的内在联系和承接关系。脱贫攻坚与乡村振兴的衔接，需要从乡村的产业振兴、生态振兴、文化振兴、组织振兴和人才振兴五个方面统筹谋划、协调推进，全面推动“三农”工作的开展。具体而言，通过产业振兴，实现产业扶贫到产业兴旺；通过生态振兴，实现生态扶贫到生态宜居；通过文化振兴，实现扶贫扶志扶智到乡风文明；通过组织振兴，实现从基层党建扶贫到治理有效；通过人才振兴，实现从扶贫主体到振兴队伍。

第一节　产业振兴：从产业扶贫到产业兴旺

我国是一个农业大国，“三农”问题是关系国计民生的根本性问题，也是全面建成小康社会的重点和难点问题。产业发展是脱贫攻坚和乡村振兴战略衔接的重要手段。脱贫攻坚时期，我国始终坚持把产业发展与扶贫工作结合起来，将产业扶贫作为贫困地区和贫困人口脱贫的基本方法和路径。通过实施产业扶贫，着力打造一批可持续发展、稳定增收的特色扶贫产业，在提升贫困村的产业发展能力、实现贫困人口脱贫致富方面取得了卓越成效，也成为中国特色扶贫开发的重要经验之一。

在乡村振兴阶段，“产业兴旺”作为2020年后脱贫时代产业扶贫的升级版，需要在巩固脱贫攻坚成果的基础上，进一步将农村产业做好做强，使农村迈向更高水平的共同富裕。产业兴旺，能够推动我国农业从传统农业向现代农业转变，是农业增长的关键所在。促进农村一二三产业的融合发展，能够提高农村的吸引力和竞争力。此外，产业兴旺，可以有效拓宽农民的就业渠道，增加就业岗位，使农民的生活更有保障，提高其幸福感和获得感。

乡村振兴，关键是产业要振兴。产业振兴作为实现农民增收、农业发展和农村繁荣的关键抓手，是实现农业农村现代化发展的必要条件，通过产业振兴，实现产业扶贫到产业兴旺的衔接与转化，主要体现在三个方面：首先是发展的理念和思路上，脱贫攻坚的实践告诉我们，精准扶贫之所以取得显著成就，关键在于“精准”二字。在乡村振兴阶段，需要以习近平总书记关于扶贫工作的重要论述和乡村振兴战略为指导，继续坚持“精准”理念，将其贯彻到产业规划和具体实践上，坚持产业的精准衔接、分类施策，在进一步巩固脱贫攻坚成果的基础上，推动乡村的产业振兴，如期有效实现乡村的全面振兴。其次，产业扶贫与产业兴旺的目标都是促进农业产业的发展。需要认识到，产业扶贫是产业兴旺的基础和前提，产业兴旺是巩固产业扶贫成果的重要一环，从某种意义上来说，二者具有时间和程度上的延续性，产业振兴需要做好政策和制度层面的衔接。最后，聚焦重点。产业振兴强调通过构建现代的农业产业体系，促进农村一二三产业有机融合，提高农村产业的创新力、核心竞争力以及全要素的生产效率。除了要做好产业规划，还需要在

“特”字上做文章，加快培育优势特色农业，打造高品质、有口碑的农业“金字招牌”，因地制宜发展特色产业，发掘一批乡土特色产品，建设一批特色产业基地，打造一批特色产业集群以及一批乡土特色品牌。

具体而言，推进产业振兴需要从三方面入手：核心要义是推进农业高质量发展，内在要求是推动农村一二三产业融合发展，而培育发展新产业新业态是乡村振兴的引擎和动力。一是推进农业高质量发展。推进农业高质量发展，需要推进农业的转型升级，通过转变农业发展方式，从传统的粗放型农业转变为依靠高科技发展的现代农业、精细型农业，大力推进农业绿色化、优质化，推进农业由以增产为导向转向以提升质量为导向，不断提升农产品的质量。二是推动农村一二三产业融合发展。农村一二三产业融合发展是“三农”政策的创新和发展，是在“基在农业、惠在农村、利在农民”原则的指导下，以农民分享产业链增值收益为核心，以农业为基本依托，通过产业联动、产业集聚、技术渗透、体制创新等方式，使得资本、技术以及资源这三要素得到合理的优化配置，实现跨界流动、跨界融合。通过一二三产业融合，可以延伸农村产业链、扩展产业范围、拓宽农业农村的增值空间，促进农民的收入增加，从而为实现产业振兴奠定基础。三是培育发展新产业新业态。产业振兴以农业农村资源为依托，发掘农业多种功能，开发乡村多重价值，丰富业态类型。既需要农村产业规模和效益的大幅度增长，更需要农村产业增长模式的转换，由要素投入带动规模增长转向以新产业新业态为驱动的发展。通过多种举措吸引大量工商企业到农村投资兴业、着力发展和培育特色旅游业等乡土特色产业，通过线上线下、虚拟实体有机结合等多种途径，催生共享农业、体验农业、创意农业、个人定制等大量新业态，大力推动休闲农业、乡村旅游以及农村电商持续健康发展，这为当前农村培育和发展新产业注入了“新血液”，为乡村产业注入了新产能新动能，农村新产业得到了蓬勃发展。此外，随着新理念、新技术的不断推广和应用，其与农村产业的融合速度加快，推动了资金、人才、技术等核心生产要素的优化配置，不断在产业间进行交叉融合，从而推动了农村新产业新业态的发展。

产业振兴是打赢脱贫攻坚战的重要举措，更是实现乡村振兴的有效路径。通过产业振兴，可以实现从产业扶贫到产业兴旺的顺利过渡，确保广大农民共享脱贫攻坚与乡村振兴的成果，推动农业农村现代化，进而全面实现农业强、农村美、农民富的目标。

第二节　生态振兴：从生态扶贫到生态宜居

生态扶贫和生态振兴是针对同一个问题在两个阶段采取的不同策略，其中生态扶贫力求实现一段时期内贫困地区生态环境的优化和贫困群众生活现状的同步改善；而生态振兴不再局限于一段时期内贫困地区受益于生态环境优化给贫困群众带来的福祉，而是追求贫困地区可持续发展能力的增强。从脱贫攻坚到乡村振兴战略，生态扶贫和生态振兴具有内在一致性，均是通过合理可持续地利用生态资源发展生态产业，将“绿水青山”变成“金山银山”的现实表现。生态振兴作为乡村振兴战略的重要内容之一，是实现乡村绿色发展的根本保证。习近平总书记指出，要坚持绿色发展，加强农村突出环境问题综合治理，让良好生态成为乡村振兴支撑点。可见，切实推进生态振兴是乡村振兴的重要基础和关键一环。

推进生态振兴需要从理念和实践路径出发：

第一，坚持“绿水青山就是金山银山”的发展理念。打赢脱贫攻坚战和实施乡村振兴战略都需要以绿色发展理念为指导，既要加强生态环境治理，改善人居环境；又要依靠独特资源发展特色产业，走绿色减贫和生态振兴之路。习近平总书记指出，“建设生态文明是关系人民福祉、关系民族未来的大计”，“我们既要绿水青山，也要金山银山。宁要绿水青山，不要金山银山，而且绿水青山就是金山银山”。习近平总书记关于“绿水青山就是金山银山”的重要论述揭示了发展与保护的关系，体现了生态振兴中坚持绿色发展理念的重要性。

同时，习近平总书记还指出，“人与自然是生命共同体”，把生态环境保护放在突出位置，牢固树立尊重自然、顺应自然、保护自然的生态发展理念。在乡村振兴阶段，生态振兴需要继续以“绿水青山就是金山银山”的理念为指导，坚持绿色发展，在打好精准脱贫攻坚与实施好乡村振兴战略中，做好生态协同保障，坚持人与自然和谐共生，走绿色脱贫与乡村绿色发展道路，坚持节约优先、保护优先、自然恢复为主，统筹好山水林田湖草系统治理，严守生态保护红线，以生态振兴引领脱贫攻坚与乡村振兴，推进生态文明建设和建设美丽中国。

第二，认真处理生态环境保护和发展两大发展议题。生态振兴涵盖了农业的绿色发展和生态环境的保护与修复，正确处理好生态环境保护与发展之间的关系，是生态振兴的重要议题，也是实现可持续发展的内在要求。一方面，在生态振兴过程中践行绿色发展理念，充分发挥好资源禀赋优势，将生态资源优势转化为生态产业和生态振兴优势，积极探索绿色生态产业扶贫、乡村生态旅游扶贫等生态扶贫路径，有选择有重点地发展生态种养、生态旅游等特色产业，把加快生态脱贫与生态振兴有机结合起来，着力推动农业绿色生产方式，不断提高农业可持续发展能力。另一方面，需要加强生态保护。尤其对生态脆弱地区，要坚持生态保护恢复为主，大力推动实施乡村生态保护与修复，加快建立生态补偿机制，按照“谁开发谁保护、谁受益谁补偿”的原则，建立市场化、多元化的生态补偿机制，对支持、推动农业绿色发展行为给予补偿，培育生态保护的积极性。

第三，做好优化农村人居环境的重大工程。“生态宜居”以建设美丽宜居村庄为导向，以农村垃圾、污水治理和村容村貌提升为主攻方向，大力开展农村人居环境整治行动，加大农村基础设施建设力度，使各项基础设施齐全，全面提升农村人居环境质量，使人文环境更趋舒适。这不仅反映了农村生态环境建设的提升，而且体现了广大农民群众对建设美丽家园的追求。大力推进生态振兴，持续改善农村人居环境，是建立生态宜居的美丽乡村的重大工程，是社会主义新农村建设的重要内容。具体而言，首先，需要制定科学的规划。制定科学合理的规划是指导和规范农村人居环境建设的保障，在编制村庄规划时，既要充分考虑广大村民在生产、生活和居住方式上的要求，尊重村民意愿；又要坚持因地制宜，根据本地区地域特征和规模，完善村庄布点规划，确定中心村和需要保留的自然村，并与农村产业发展、基础设施、公共服务和土地整治等专项规划相衔接。持续改善农村人居环境，需要依据不同地区的自然环境、生活习惯、民俗风情和经济社会发展水平，立足生态宜居乡村建设的新要求，科学制定村庄村落的布局规划。其次，优化人居环境。一方面，通过生活污水治理、生活垃圾治理、厕所粪污治理、乡村绿化美化行动、村容村貌提升等措施，有效改善农民的生活环境；另一方面，从水、电、路等方面出发，完善相应的配套设施，改善农民的生产生活条件，提升农民的生活质量，提高其生产生活的积极性。最后，加强思想宣传教育。人居环境的改善离不开农民的支持与参与，通过对农民进行宣传教育，提高农民的环保意识，帮助他们树立可持续发展的观念，保护自然环境，节约资源，不断增强村民的自我约束、自我教育和自我管理能力，共同构建并维护和谐美丽的家园。

我们要依托生态振兴，充分发挥贫困地区天然的自然禀赋优势，并将其转换为农村发展的动力源泉；以绿色发展理念引领生态振兴，从生态保护与发展层面探索可持续发展道路，从人居环境整治层面建设社会主义新农村，以此实现经济效益、社会效益和生态效益三者的统一，促进贫困地区环境、经济、社会的协调发展。

第三节　文化振兴：从扶贫扶志扶智到乡风文明

党的十九大报告指出："中国特色社会主义进入新时代，我国社会主要矛盾已经转化为人民日益增长的美好生活需要和不平衡不充分的发展之间的矛盾。"由此可见，在人们物质生活得到满足的同时，对于文化生活的需求越来越强烈。

脱贫攻坚时期，为解决贫困群众内生动力不足的问题，通过内源扶贫激发贫困群众的内生动力，将扶贫扶志扶智相结合，一是帮助贫困群众重塑改变现状、创造新生活的信心，使其积极投身于生产实践，发挥自身的主动性和创造性，实现脱贫致富。二是通过培训教育方式，对贫困群众进行技能培训，提高其科学文化素养，由此提升其脱贫致富的能力。

乡村振兴战略提出要实现“乡风文明”，通过加强思想道德建设和公共文化建设，引导农民树立正确的世界观、建立完善农村文化的基础设施等措施，促进农民精神文明的发展，改善农民的文化风貌，培育和发扬良好的乡风、家风和民风，持续提升农村的精神文明发展程度。《中共中央 国务院关于实施乡村振兴战略的意见》指出，实施乡村振兴战略要繁荣兴盛农村文化，焕发乡风文明新气象。通过文化振兴，可以加强农村思想道德建设、挖掘农村优秀传统文化资源，推动乡村文化建设。文化振兴既是党中央立足社会主要矛盾变化在全面建成小康社会以及实施乡村振兴战略背景下作出的重大战略决策，也是我们党对近代以来工业化、城市化和乡村发展所进行的历史总结和高度自觉。文化振兴既能助力脱贫攻坚、推动乡村振兴战略和促进城乡融合，又能实现农民对美好生活追求的愿望。

文化振兴是乡村振兴的“灵魂环节”，对乡村文化建设有着重要意义。首先，文化振兴通过对乡村文化的挖掘、传承和发展，推动文化繁荣发展。优秀文化是乡村发展中的瑰宝，只有大力挖掘和发展文化资源，才能更好地为乡村振兴提供强大的文化支撑。其次，推动乡村文化繁荣发展已经成为更好地解决“三农”问题的有效途径，只有推动乡村文化的繁荣发展，才能更好地满足人民对美好生活的向往。最后，通过盘活乡村文化发展活力，发展文化事业、文化产业，吸引更多的资源投入到乡村文化建设中来，才能为乡村振兴提供坚实的基础，推动乡村的整体发展。

为推动文化振兴，需要从文化基础设施建设、思想文化教育、文化产业发展等方面努力。

第一，加强文化基础设施建设。乡村文化基础设施的建设，能促进乡村文化的繁荣发展，改变乡村落后的面貌。加大乡村文化基础设施建设，包括建设农家书屋和文化广场、搭建戏台、修建当地特色的建筑、挖掘优秀的农村文化资源并加以充分利用等，诸如此类的措施有利于扩大农村文化发展平台，从而使农村的文化环境得到改观。通过整合现有的文化资源，新建或翻修文化基础设施，包括图书室、文化大院、文化广场、党群活动中心等，快速形成一种农村文化形态。基础设施的建设，可以使文化环境得到优化，丰富农民的精神文化生活，从根本上逐步改变村民的思想意识，提升村民的自主创造性，让村民参与到乡村文化振兴的过程中来，激发他们摆脱贫困的积极性、主动性，从而为乡村振兴提供内源动力。

第二，加强思想文化教育，通过思想教育，有针对性地提高农村居民的文化素质，即思想道德素质和科学文化素质。文化振兴为乡村振兴提供理论支持和人才支持，一方面，文化建设的推进会引入许多先进文化，其中有关农业的文化知识能够为村民的生产提供理论支持。另一方面，在文化建设过程中，通过加强对村民的各种文化和技能培训，扩大村民的知识面，加深其对相关政策的理解，提升自身的劳动技能。

第三，发展乡村文化产业。在乡村文化的建设过程中，重视乡村文化产业的发展和文化产业链的形成，形成“经济搭台、文化唱戏”，文化“软实力”带动经济“硬实力”的新局面。通过挖掘优秀的传统文化资源，拉动当地旅游业的发展，进而增强乡村经济的活力，这些又可以反哺文化发展，推动文化基础设施的建设。同时，通过发展乡村传统的手艺、特产等一些特色文化资源吸引外来企业投资，形成一条产业链，拉动文化产业的发展，使具有较强文化竞争力的农村文化产业支撑农村的发展和农业、乡村旅游等产业的发展，形成活跃的乡村振兴文化产业链。

文化振兴不仅对于打赢脱贫攻坚战具有重要作用，而且有利于推动乡村振兴战略的实施。文化振兴在推进阶段，不仅可以推进农村精神文明建设，还可以通过激发农民参与文化建设的主动性和积极性，实现从“要我振兴”向“我要振兴”的思想转变，提升农民参与乡村文化振兴的主人翁意识。

第四节　组织振兴：从基层党建扶贫到治理有效

组织振兴是乡村振兴不可缺少的重要部分，一个强有力的农村基层党组织是实现农业农村现代化的直接前提。《乡村振兴战略规划（2018—2022年）》明确提出，乡村振兴战略的实施必须要坚持党总揽全局、协调各方，强化党组织的领导核心作用，提高领导能力和水平，为实现乡村振兴提供坚强保障。

脱贫攻坚战略实施以来，“以党建促脱贫”的扶贫经验凸显了党在反贫困斗争中的政治定力，农村基层党组织与脱贫攻坚有机结合成为脱贫攻坚的核心引擎。以党建促脱贫攻坚，主要表现在三个层面：一是五级书记一起抓，即通过纵向党组织联结横向的行政系统和事业单位，形成强大的贫困治理动员能力；二是通过健全驻村扶贫工作队和“第一书记”制度，实现对贫困村外部组织和资源的注入，以反贫困实现村庄治理的重塑；三是通过党建扶贫的“溢出效应”，实现对社会和市场的联结，从而建构起政府、社会与市场的“大扶贫”格局。

在乡村振兴战略阶段，组织振兴是乡村振兴的基础性工程，是乡村振兴发展的基础和根本保障。农村基层组织是党在农村组织建设工作的基础，也是将农村建设与国家现代化发展联系起来的桥梁，组织振兴导向农村建设的发展，深刻影响着乡村振兴事业的兴衰成败。习近平总书记指出：“要推动乡村组织振兴，打造千千万万个坚强的农村基层党组织，培养千千万万名优秀的农村基层党组织书记，深化村民自治实践，发展农民合作经济组织，建立健全党委领导、政府负责、社会协同、公众参与、法治保障的现代乡村社会治理体制，确保乡村社会充满活力、安定有序。”实施乡村振兴战略，必须着力推进组织振兴，在党中央和各级党委政府的坚强领导下，夯实农村基层党组织建设，充分发挥村级党组织、村民自治组织和村集体经济组织的作用，选好、配好、用好农村发展的带头人，认真贯彻落实党的路线、方针、政策，带领和组织农民实施好乡村振兴战略。

组织振兴对于产业振兴、生态振兴、人才振兴、文化振兴等均具有推进作用。在产业振兴方面，组织振兴有助于引领地区实现产业升级和产业转型，推动产业振兴。反之，具有良好的经济发展基础，有助于组织人才队伍素质提升、组织管理稳定，有利于乡村基层党组织和其他各类组织发展壮大。在生态振兴方面，乡村基层党组织引领乡村生态振兴，整治乡村生态面貌，发展乡村绿色经济、环保产业，积极带领乡村实现产业转型，保护乡村良好的生态环境。反之，注重绿色产业的发展，因地制宜，形成经济良性发展、特色发展，打造经济与生态同步的美丽乡村，也为乡村组织的日常管理减轻了负担，为组织工作的开展发挥了协助的效力。在人才振兴方面，促进乡村人才振兴，基层党组织及各类社会组织积极完善和改进人才管理机制，始终秉持开放开明的态度广纳人才、广招贤士，创建了各尽其才、焕发生机的用人体系。能人贤士的引进和善用促进了人才振兴事业的发展，人才振兴对组织建设也具有一定的正面效应，为组织壮大了队伍，提高了组织的整体管理水平，也为实现组织目标提供了力量，有助于提升人们生活水平，实现乡村振兴战略规划。在文化振兴方面，乡村基层组织发挥组织引领作用，带领乡村、乡民破除滞后的文化理念和思想观念，紧紧围绕中国特色社会主义文化，发展先进文化、优秀文化。塑造现代化文明乡村风气，也有利于培养优秀的知识技术人才，为组织建设提供人才支撑。

推动组织振兴目标的实现，一是要坚持党的领导，发挥党对一切工作的领导核心作用，保证村组织建设的工作议题符合中国共产党的工作理念，将习近平新时代中国特色社会主义思想与乡村振兴的“五大振兴”目标相联系，建设有中国特色的乡村组织。二是要加强基层党组织的能力建设，进一步巩固乡村基层党组织的执政领导地位，推进乡村振兴战略的实行，为建设现代化乡村提供政治保证。首先是加强领导力，即引导农民有效参与到村庄的公共事务中来，并在该过程中发挥领导作用。其次是加强基层党组织的组织能力，乡村基层党组织的组织能力体现在凝聚各种人才和力量，发挥不同的建设作用，通过取长补短，发挥自身优势和特色开展各项工作。再次是加强执行能力，基层党组织是国家大政方针的具体实施者，是国家政策广泛宣传、贯彻落实、有力监督的直接行动者。基层党组织应积极宣传国家的方针政策，确保广大乡村居民的知情权，对与居民利益相关的社会事务，在为居民所了解的前提下积极寻求居民的建议，切实保证他们的根本利益。最后是加强服务能力，基层党组织应具有服务意识，做到服务农村、服务农民，满足其多元化需求，为实现乡村振兴事业的发展而不断奋斗。

第五节　人才振兴：从扶贫主体到振兴队伍

人才是打赢脱贫攻坚战的第一资源，也是乡村振兴的核心力量，人才的数量和质量直接关乎乡村振兴的成效。习近平总书记指出，人才振兴是乡村振兴的基础，要创新乡村人才工作体制机制，充分激发乡村现有人才活力，把更多城市人才引向乡村创新创业。《中共中央 国务院关于实施乡村振兴战略的意见》提出，要汇聚全社会力量，强化乡村振兴人才支撑，通过大力培育新型职业农民、加强农村专业人才队伍建设、发挥科技人才支撑作用、鼓励社会各界投身乡村建设、创新乡村人才培育引进使用机制等方面，破解人才瓶颈制约。人才振兴是实施乡村振兴战略的重要推力，是落实产业兴旺、生态宜居、乡风文明、治理有效、生活富裕总要求的有力保障。

随着新时代“三农”事业的发展，乡村振兴人才范围不应局限于传统农业产业，不再是单一的农业人才，而应是多领域、多产业的“大人才”范畴。根据2018年中央一号文件有关强化乡村振兴人才支撑的要求，乡村振兴战略实施的人才需求类型应包括新型职业农民、农村专业人才、农业科技人才、社会各界专业人才等。实施乡村振兴战略，要抓好新型职业农民、农业科技人才和农村专业人才、乡村治理人才和农村创新创业人才建设。

脱贫攻坚期间，各地向贫困村派驻“第一书记”、驻村工作队，长期驻村帮扶，落实干部与贫困户结对帮扶，对贫困村和贫困户脱贫具有明显作用。同时，数百万干部驻村帮扶，使他们更了解农村的实际情况，拉近了与农民特别是贫困户的距离和感情，工作方式也更加踏实。驻村帮扶为未来的乡村振兴培养了一大批适应农村工作的优秀人才。

2020 年脱贫攻坚任务完成后，在巩固脱贫攻坚成果的基础上，持续推进乡村振兴战略，同样需要一批“懂农业、爱农村、爱农民”的人才队伍投身农村建设中。要推动乡村人才振兴，把人力资本开发放在首要位置，强化乡村振兴人才支撑，加快培育新型农业经营主体，让愿意留在乡村、建设家乡的人留得安心；让愿意上山下乡、回报乡村的人更有信心。激励各类人才在农村广阔天地大施所能、大展才华、大显身手，打造一支强大的乡村振兴人才队伍，在乡村形成人才、土地、资金、产业汇聚的良性循环。

第一，坚持农民主体性。农民是乡村脱贫攻坚和实施乡村振兴战略的主体，只有农民主动自觉参与到农村发展的生产建设中，才能产生巨大的能量。人才振兴的进程中，同样需要坚持农民的主体性，强化其主体意识，增强扶志扶智的内在动力和主体自觉，培育新型职业农民，充分发挥农民在带领农业经济发展和维护农村社会稳定等方面的重要作用。坚持农民主体性，首先，需要从思想层面激发农民主体意识，通过搭建有效的宣传平台，创新宣传的内容形式，提升宣传的效度，不断强化农民在乡村振兴建设实践中的主体意识，为农民积极参与乡村振兴建设实践奠定思想基础。其次，从技术层面提高农民的整体素质，在农村原有的基础上加强培训力度，进一步完善培训体系，了解当地农民对培训内容的需求，按照当地产业发展内容进行针对性的培训，培育有组织、懂文化、通技术、会经营、善管理的农业劳动者，为乡村振兴造就可持续发展的内生动力。最后，提高农民在乡村振兴中的参与性，积极探索农民在乡村振兴中的民主参与平台和机制，切实将农民的意见和意志纳入乡村振兴建设方案中，落实到乡村振兴建设实践上。只有将有效的民主参与机制建立起来，被激发起来的农民主体意识才能够得到强化，乡村人力资源的"势能"才会不断转化成乡村振兴实践的"动能"。

第二，坚持外部引进与内部培养相结合进行人才队伍的培养。人才培养是振兴队伍的重要途径，通过外部引进和内部培养相结合的方式，补足农村发展的人才短板。首先，通过外部引进为乡村振兴的发展提供新的活力。《中共中央 国务院关于实施乡村振兴战略的意见》指出，要鼓励社会各界投身乡村建设。建立有效激励机制，以乡情乡愁为纽带，吸引支持企业家、党政干部、专家学者、医生教师、规划师、建筑师、律师、技能人才等，通过下乡担任志愿者、投资兴业、包村包项目、行医办学、捐资捐物、法律服务等方式服务乡村振兴事业。研究制定管理办法，允许符合要求的公职人员回乡任职。人才振兴需要因地制宜制定人才引进政策，既要有现实针对性，又要有长远的考量，创造更多的人才就业机会，为乡村振兴战略提供坚实的人才支撑和智力保障。其次，通过内部培养本土人才的方式推进人才振兴，努力将农民培养成为有文化、懂技术、会经营的高素质农民。内部培养人才是建立人才保障、打通人才制约屏障、促进"三农"问题高效解决的根本方式。要有发现本地人才、培养本地人才、管理本地人才、善用本地人才的慧眼与胸怀，给他们更大的上升空间和一展身手的机会。要有针对性地对他们进行培养，通过加强乡村教育和培训，在乡村本土培养新时代的乡土人才，使其成为乡村振兴的"领头雁"。培养新时代的新农民，就是培养乡村振兴的内生力量，农民能力和素质的提升为农村发展和振兴提供了前提和保障。

第三，健全农村人才机制，为人才振兴提供制度保障。人才振兴不仅仅是引进人才，更要留住人才发展人才，使人才队伍发挥其自身优势，真正投入到农村发展的建设中去，因此，需要健全农村人才机制。在留住人才方面，创建良好的工作环境，健全乡村振兴人才引进的相关配套政策，对于优秀人才给予政策奖励、物质扶持、激励措施等方面的政策倾斜，加强乡村基础设施建设，努力在工作条件、生活待遇、住房保障、职称考评和子女就学等方面给予农村实用人才优厚且充分的保障。在发展人才队伍建设方面，强化对人才队伍建设的规划，使得人才各尽其能，同时加强对其基础知识和工作能力的培养，健全人才培养的相关机制。组织开展农村优秀实用人才选拔认定工作，完善乡村振兴实用人才考评体系，注重考核乡村振兴实用人才的工作实绩，坚持凭实绩用人，并落实农业产业化政策，对自主创业人才或创业基地在土地流转、规模经营、新品种引进、新设施开发、新技术应用等方面给予重点支持。

习近平总书记指出，要推动乡村人才振兴，把人力资本开发放在首要位置，强化乡村振兴人才支撑，激励各类人才在农村广阔天地大施所能、大展才华、大显身手，打造一支强大的乡村振兴人才队伍，在乡村形成人才、土地、资金、产业汇聚的良性循环。推动人才振兴，不仅需要坚持农民的主体地位，培育高素质农民参与到农村发展建设中，更需要在引进人才、使用人才和管理人才上下功夫。

第三章

以湖南省为例谈乡村产业振兴的探索与实践

党的十九大作出了全面实施乡村振兴战略的重大决策，并将“产业兴旺”确定为乡村振兴战略的基础。产业兴旺发展既是支撑乡村振兴的源头，更是引领乡村振兴的潮头。2019 年中央一号文件再次明确，乡村振兴，产业兴旺是重点。在国务院印发的《乡村振兴战略规划（2018—2022 年）》中，同样把产业兴旺作为实施乡村振兴战略的重中之重。可见，产业振兴对于激活经济、富裕农民、繁荣乡村、促进农村经济高质量发展具有十分重大的意义。近年来全国各地深入贯彻落实习近平新时代中国特色社会主义思想，积极探索新形势下乡村振兴战略实施的新模式、新业态，逐渐形成了一些成效显著、特色鲜明，可复制、可推广、可借鉴的做法，但在发展过程中也发现了一些不足和欠缺。本章基于吉首大学湖南乡村振兴战略研究中心组织的湖南省乡村振兴“千村调研计划”，选取了湖南省部分村寨进行了实地调查，对其成功做法、有益探索和存在的问题进行了系统、客观的分析，以期为相关理论研究和实践工作提供些许参考。

第一节　农民专业合作社带动乡村产业振兴的实践

一、谷粒瓜瓜烟叶专业合作社基本情况

永顺县谷粒瓜瓜烟叶专业合作社位于松柏镇兴棚村，成立于

2013 年 3 月 21 日，注册资本 134.380 万元。谷粒瓜瓜烟叶专业合作社以烟叶专业化生产服务为经营核心，深度开发利用本地资源禀赋、突出优势，依靠政、财、才、物综合发力，拓展产业范围。经营领域除主业外，还涉及高山无公害蔬菜生产、猕猴桃种苗培育、特色山珍开发以及村镇生产型和民生型小型工程施工。以谷粒瓜瓜烟叶专业合作社为经营管理主导核心，在兴棚村基本形成以“烟叶产业为主，蔬菜种植、猕猴桃种苗培育、山羊养殖为辅，山珍开发并重”的立体循环农业产业聚合体系，推进了农业优势产业“规模化、机械化、信息化、品牌化”发展，是社区综合性农民合作社模式的有益探索。2013 年，谷粒瓜瓜烟叶专业合作社营业收入达 101.89 万元，盈利 12.17 万元，向社员分红 2.43 万元，被评为湘西土家族苗族自治州（简称湘西州）烟叶先进专业合作社。

二、谷粒瓜瓜烟叶专业合作社产业发展现状及优势

（一）产业环境好

兴棚村所在的永顺县是湖南省烟叶重点生产基地，现有与湖南中烟公司、广东中烟公司和上海中烟公司共建基地单元 4 个，包括芙蓉单元、松柏单元、泽家单元、石堤单元，具有年产 1 万吨烟叶的生产规模，2013 年，烟叶种植面积达到 8.2 万亩，烟农为 6 282 户，烟叶收购 22.9 万担①，烟叶销售收入为 2.53 亿元，户均收入为 4.02 万元，由于良好的烟叶品质，永顺烟叶已成为国内重点品牌卷烟的主料烟。兴棚村隶属松柏单元，松柏单元共辖 1 个镇 15 个专业村，2014 年共有 1 146 户烟农种植烤烟 1.32 万亩，预计产收烟叶 3.56 万担，松柏镇连续两年位列湘西州烤烟生产第一大镇。兴棚村在良好烟叶产业环境的熏陶下和政府的支持下，逐渐涉足烟叶种植领域。

（二）自然生态环境好

兴棚村位于湘西州内永顺县的最高峰——羊峰山东段南麓山

① 担为非法定计量单位，1 担=50 千克。——编者注

腰，平均海拔990米，属高寒山区，全年较周围区域气温偏低，霜冻期多达3个半月，导致水稻等粮食作物灌浆结实未完就遭受低温冻害，产量和质量都会受到影响。区域内山高坡陡、土层稀薄疏松，耕地多为山间盆地和沿山而上的坡地，遇上丰水季节，常会造成山上土壤冲流而下，山下坡角盆地田地排洪不畅；遇上枯水季节，土壤又不易蓄水储水，导致干旱。冬春降水易生涝，夏秋缺水常受旱，不太适宜水稻、玉米等粮食作物的种植。

一方水土养一方人，兴棚村人靠山吃山，靠水吃水。兴棚村虽然属高寒地区，水稻、玉米等粮食作物收成不好，但是这里光照条件充足而不强烈、降水丰富、冬寒夏凉、土壤肥力好且排水性好，昼夜温差大，光照、温度、水分以及土壤的质地、有机质、酸碱度都比较适宜种植烟草，兴棚村所种植的烟叶颜色橘黄、成熟度好、结构疏松一致，烟叶较厚较大，烟碱中等，香味接近清香型和中间香型。

兴棚村烟草种植良好的产业环境和自然生态环境需要一个资源整合、提升和输出平台助其发展，这些均成为谷粒瓜瓜烟叶专业合作社创立的资源基础。

（三）政府的政策支持是强心剂

政府扶贫的一个重要手段就是通过结合扶贫地的资源禀赋有针对性地开展以产业扶贫为核心的全方面经济社会提升方案，有效地提升扶贫地经济发展的质量和动力，摒弃单纯地给钱给物式的“输血式”扶贫，而是建立起前期产业扶助、后期自力更生开拓创新式的“造血式”扶贫。谷粒瓜瓜烟叶专业合作社是政府产业扶贫的典型实例，政府产业政策的支持给合作社和当地的发展注入了强心剂。

谷粒瓜瓜烟叶专业合作社是湖南省烟草专卖局2013—2014年驻村扶贫重点援建专业合作社。湖南省烟草专卖局着眼长远，立足本地烟草种植的优势，实现松柏片区烟叶初级加工的规模效益，建立一个以烟叶种植与初加工的烟叶产业龙头为主导，其他产业为辅的产业扶贫助富模式，扶贫济困，实现当地居民的持续性脱贫致富，早日实现小康。为了使扶贫工作顺利有序地开展，湖南省烟草专卖局专门成立了省局驻永顺兴棚村建设扶贫工作组（以下简称工作组）。工作组在对兴棚村及周边详细调研的基础上，收集、参考、征求各方意见制定《2013—2014 年省局驻兴棚村建设扶贫工作规划》，该规划以“一年打基础，两年谋发展”为工作思路，通过“扶基础、扶产业、扶素质”三大抓手，实现全村基础设施先进、产业基本成型、村民收入显著增加，经济和民生互促式发展。湖南省烟草专卖局在扶贫工作中预计投入资金 1 500 余万元，扶助效果明显，优化了村民的创业环境。

1. 基础设施建设极大地改善了居民的生产和生活水平，为村经济的后续发展提供动力

以前，兴棚村基础设施建设非常薄弱，交通不便、生活不便、生产操作方式落后，经济发展水平低，为远近闻名的“光棍村”。在湖南省烟草专卖局的大力扶助下，兴棚村旧貌换新颜，村容村貌民生民业发生了巨大的变化。

第一，“两场”设施建设引领全村发展。在兴棚村规划建设了“两场”，村东是村部综合楼及村民活动广场，村西是谷粒瓜瓜烟叶专业合作社办公楼及烟叶烘烤工场，将生产、生活功能分区，两组建筑设施利于产业发展、政务办公、娱乐健身、公益教育和生活购物，它们是兴棚村经济社会发展的标志和核心。

第二，“五通”设施建设活络全村发展。在兴棚村规划建设了入户硬化路、自来水管道、电网、农田机耕道、硬化排灌水渠“五通”项目，活络了兴棚村的社会经济发展。入户硬化路按照宽度 1.5 米或 1.8 米高标准建设，现已建成入寨硬化道路 9 条，共计 6.62 千米、户间道 191 条共 7.82 千米，整修入村危险路段两处，建成贯通公路 1 条 1.92 千米；自来水铺设主干管道 15.15 千米，建成蓄水池 11 个，可蓄水 250 余立方米，在停水期间可供村民生活使用 10.5 天；建成农田、烟田机耕道 23.40 千米，建设硬化排灌水渠 32.70 千米，主要基础设施的建设为机械农业、规模农业、现代农业、高效农业奠定基础。

第三，农田水利设施建设夯实了发展命脉。千百年来，农田和水利是农村的基本生产资料和要素，是农村生活的命脉，农村发展水平与农田、水利建设水平休戚相关。湖南省烟草专卖局加大对农田水利基础设施建设的投入力度，土地整理项目和水利建设项目取得了一定的成效。开展基本农田、烟田土地整理 720 余块，共计 1 300余亩[①]，建设了山塘 1 座、拦水坝 3 座，有效提高了土地耕作质量。水利建设方面，整修泄洪坑、山塘，为解决农田排水不畅问题，清淤 100 多立方米、开凿隧道 10 多米、浇筑混凝土 90 多立方米；建设了山塘、拦水坝、过山涧虹吸管等项目，有效地调节了水资源在地域和季节上分布的矛盾，从而实现“旱涝保收”；建设了近百亩喷灌设施，对烟叶、蔬菜、苗木等种植起到了省水、保土、保肥、省劳力的作用，增加了农业生产的效益。

2. 推动建设“一社四点”，增强农业产业发展的活力

要增强农业产业发展的活力，需针对本地的资源禀赋发展适宜的产业，确保村民的长富久富。农村合作社是植根农村、服务农村、聚集产品、连接市场的产业衔接器，引导和推动农村合作社的建立，对提升农业产业化的质量和效率有重要作用。湖南省烟草专卖局积极引导和推动农村合作社的建设，兴棚村以农村合作社建设为平台和核心，建立烟叶精益化生产示范点、夏季绿叶蔬菜开发示范点、千亩山竹开发示范点和果树苗木培育及新品种引种试点“一社四点”项目。“一社四点”的建立，充分地开发和利用该村的优势资源，使产业有依托，产业有活力，产业有潜力。

政府在基础设施上的大力投入、产业政策的扶持和指导为兴棚村人创立谷粒瓜瓜烟叶专业合作社提供了产业发展的契机，是合作社建立的政策基础。

（四）村民观念的变化是内力

兴棚村曾是国家级贫困村，在 2012 年，兴棚村人均收入不到 2 200 元，村民生活较为贫困，不少男青年为找对象成家而发愁。

---

① 亩为非法定计量单位，1 亩≈667 平方米。——编者注

前些年，据统计，全村30～60岁的单身汉有45人，“光棍村”的名声由此得来。兴棚村顶着这个头衔，村里的人到哪里都觉得不如别人。在外人看来，与邻村相比，兴棚村人没有钱也没有地位，村民的自信心深受打击，人穷都穷怕了，苦都苦惯了，大家一辈子想的事就是靠着一亩三分地养活自己，四处打点工有点钱就行，在穷困闭塞的环境下，兴棚村村民几乎没有创业动力和创业意愿。

兴棚村辖7个村民小组，11个自然寨，342户1 075人。由于村内没有良好的产业附着劳动力，劳动力外溢情况明显，劳动力人口625人，常年在外务工人员170余人，季节性外出务工340余人，有一部分村民劳动能力弱，孤寡、病残人口64人，无经济来源或无主要劳动力的家庭人口60余人。村民受教育层次低，劳动力质量不高，现居村民中，具有中专文凭的1人，高中文凭的1人，其他多为小学文化水平或文盲。在读的有大学生4名，中小学生合计150余名，教育基础设施和资源匮乏。村内无小学，中小学生在10多千米外的松柏镇上学。有幼儿园1所，在园儿童20余名。兴棚村的劳动力资源的流动和质量状况决定了在无政策扶持和引导下，村民创业的主体性、能动性欠缺。

扶贫先扶志，致富先治心。2013年3月，湖南省烟草专卖局开始实施对兴棚村建设扶贫，极大地促进了兴棚村的经济发展和民生改善。该村的人均年收入从2012年的2 200元增长到2013年的8 500元，兴棚村也彻底“换装”，基础设施建设完善，规划建设了“两场五通”，产业基础进一步加强，“一社四点”的产业建设体系也搭建起来。兴棚村人逐渐甩脱了贫困的帽子，社会地位逐渐上升，村民们观念改变，越来越重视自身价值的展现，不断提升自己，创业意愿和创业热情明显提升。定期不定时开展对村民的种养专业技能的培训，以及农机操作、维修技能培训，根据需要对参加正规工程机械操作学习的人员给予一定学费补贴；设立“创业基金”，加强对村民的技能培训；为提高村里骨干的综合素质，组织29名党员干部、潜力青年和致富带头人到先进地区参观考察，参观新农村建设，增长见识、拓宽视野、转变观念、明确方向，达到提高村民文化素质、增强致富本领、培养农村致富带头人、增加创业动力和创业意愿、提升创业成功率的目的。

三、谷粒瓜瓜烟叶专业合作社的创业模式

2013 年 3 月 21 日，本着“自愿联合、互帮互助、共同协商”的原则，由兴棚村 7 位烟农作为核心创业人，创立了谷粒瓜瓜烟叶专业合作社。合作社按照“立足兴棚、服务松柏、辐射湘西”的区位定位，通过与龙祥烟叶专业合作社实施资源和品牌整合，专业化服务环节得以完善，业务范围不断拓展，多元化经营颇有实效，企业文化及品牌建设效果初显。在合作社发展的同时，兴棚村的村民收入水平得到了提高，村民的生活配套水平也得到不同程度的提升，兴棚村经济社会发展水平呈现新的气象，谷粒瓜瓜烟叶专业合作社的创业模式是典型的社区综合性农民合作社模式。

（一）谷粒瓜瓜烟叶专业合作社创立的意义

永顺县兴棚村的谷粒瓜瓜烟叶专业合作社在良好的产业先决环境中孕育而生——烟草种植适宜的气候、周边烟草种植的产业熏陶、政府强力而有针对性的政策和资金扶持以及村民观念的转变。谷粒瓜瓜烟叶专业合作社创立之后，兴棚村村民的生活和工作发生了巨大的变化，村民的收入大幅提高，村内生产和生活的基础设施得到改善，兴棚村人不必要外出打工养家糊口，在家门口一样可以找到收入不错的工作。这样既可以发挥本地产业的优势资源，提升农村农业的主导性和安全性，又可以缓解农村人口转移对周边城市管理的压力，还可以解决留守等社会问题。谷粒瓜瓜烟叶专业合作社创业模式是一种“借强势产业导入发展其他综合产业，利用产业发展的实惠促使民生发展，利用民生的持续改善反哺产业的稳定持续发展”的社区综合性农民合作社模式。

（二）谷粒瓜瓜烟叶专业合作社模式的解析

谷粒瓜瓜烟叶合作社是一种社区综合性农民合作社模式的典型，社区综合性农民合作社模式以地缘和血缘关系维系的同一个乡、村、自然庄的家族、家庭成员及邻里之间社会生活的社区为基

础，社区内农民开展相互合作，合作项目一方面包含促使农村经济发展的多样性合作项目和服务内容，如生产经营、农业技术推广、资金融通、农产品加工、购销；另一方面包含促使农村社会发展的服务项目，如文化教育、体育健身、福利劳保等。社区综合性农民合作社凭借社区各方面的资源禀赋，利用资源的比较优势，将资源产业化，提高涉农产业价值链在农户端价值的比例，提高农民的积极性，维持农业的持续稳定，以实现国家的农业安全。

（三）谷粒瓜瓜烟叶合作社模式的内容

谷粒瓜瓜烟叶合作社的创立离不开湖南省烟草专卖局的政策、资金的支持。湖南省烟草专卖局着眼兴棚村和周边烟草产业发展的优势，增资打造一批集土地整理、烟基配套等与烟农生产生活有机结合的现代农业生产小单元，以扶持其强势产业——烟草产业为农民创业的突破口，带动其他产业的多元发展，促成合作社的管理与发展以及以合作社为中心的基础设施建设，从而提升农业社会经济的发展水平，由此带来显著的产业效应和民生效应，并且实现产业效应与民生效应的双向促进，高标准、高起点地建设兴棚村的社会主义新农村。

1. 以烟草产业为合作社的发展核心

以强势产业烟草为引擎，谷粒瓜瓜烟叶专业合作社的管理与发展达到了一定的水平。合作社做好烟叶种植和初加工的各种业务服务，提升了烟草种植和初加工的价值。2014 年合作社在湖南省烟草专卖局的大力支持下，投资 1 000 余万元，进行基本烟田土地整理，全额装配全套 200 余台农机、烟夹等，土地整理与农机双效聚合，大大提升了农业现代化水平。

（1）育苗服务

全年烟叶生产的第一步是育苗，烟苗质量的好坏直接影响烟叶的品质。一是合作社实现了 100％集中专业化育苗，营业额达到 46.20 万元，盈利达 10 余万元。二是以支付土地租金等形式回收了部分农户个别管理的育苗大棚，合作社统一管理避免个人管理不善导致烟苗带病的问题。三是配合烟站在套餐购肥阶段收取苗款，在一定程度上杜绝了烟农“多买肥、少种烟”问题的发生。四是在育苗大棚内率先引进“空间电场驱雾防病装置”等新式装备。

（2）机耕服务

湖南省烟草专卖局全额投资，给合作社购置了大批农机，大幅提高了农业机械化水平。以兴棚村为例，耕牛数由之前的173头下降到92头，淘汰近半数。在合作社方面，一是推出了包括翻耕、起垄、覆膜、培土、拔秆等全程机械作业350元/亩超优惠价格，同时使用大型农机作业保障了翻耕质量；二是出动机械和人员，配合兴棚基本烟田土地整理项目，合作社得到盈利的同时还加快了项目进度，保障了当地农业生产的有序进行；三是中耕培土、挖掘机深翻烟地等服务深受烟农喜爱，业务拓展到了芙蓉单元、石堤单元等永顺县东南烟区和周边县域。截至2018年，共实现机耕作业11 800余亩次，经营收入达94.40万元，盈利7.24万元。

（3）植保服务

烟叶的植保，预防是基础，技术是关键，安全用药是前提，合作社非常注重烟叶病虫害的防治工作，在推进轮作休耕制度的同时，积极探索物理防治、生物防治。一是合作社配合烟站积极推进生物、物理防治技术，向社员发放粘虫板28 420张、灭虫灯1 800个；二是新开了农药专卖店，指导社员在烟叶及其他作物上安全用药，使用低毒、低残留农药；三是实施统防统治300亩，亩均用药成本低于8元，将农户自己打药成本降低了20%；四是邀请3批次技术专家到合作社开展用药培训，400多人次的社员接受培训。

（4）烘烤服务

烘烤是烟叶生产最为关键的环节，烟叶商品价值60%以上由烘烤决定，同时烘烤又是劳动强度大、技术要求高的环节，合作社积极探索和推广集中烘烤新模式。一是合作社派出30余人到常德桃源、龙山等地参观学习烟叶集中专业化烘烤，目前正在运筹在合作社本部实施“全包”模式的集中烘烤，并推出单房1 150元的超低价格；二是在公司的支持下，为密集式烤房配置了烟夹，烟夹编烟，减工降本效果十分明显；三是建设了型煤制作工场，自建煤场使每块煤的单价比市场价低了 3 分钱，社员得到了实惠，也将改变不少烟农使用柴火烤烟的习惯。目前，农户有按照密集式烤房烘烤量种植烟叶的趋势，一般一户种植 20 亩的倍数，户均种烟面积大幅提升。预计该项目合作社可增加营收 20 余万元，增加利润 1 万元左右。

（5）分级服务

2013 年，合作社承担了松柏基地单元全部 5.2 万担烟叶的集中专业化散叶分级业务，营业收入 260.18 万元，盈利 27.49 万元。今后将继续争取分级业务。

（6）运输服务

目前，合作社拥有厢式货车 1 台、运输拖拉机 17 台，货车为组织社员农产品外运起到极为重要的作用。2018 年，合作社正积极申请，有望配合烟站实施待售烟叶“精准预约、上门运输”服务试点，该项目的实施将避免收购前后期烟农交烟变化大、烟站收购不均衡的问题发生。

2. 多元化经营发挥资源的整体效益

烟草的种植和初加工还不能充分利用当地的资源优势，谷粒瓜瓜烟叶专业合作社在发展烟草产业的同时，适时适度地发展其他产业，打破单一产业的依赖，实现合作社的多元发展，发挥资源的整体效益，增强其发展动力和潜力。谷粒瓜瓜烟叶专业合作社以新产品开发部、工程施工队为平台，以支持“社员创业”的形式推动烟地、烟基设施综合利用和多元化经营，其中包括以合作制设立的蔬菜开发、猕猴桃苗木培育等 5 个项目组，以承包制启动的烤房养蘑、果苗培育等 4 个项目。

（1）工程施工

谷粒瓜瓜烟叶专业合作社拥有挖掘机 1 台、铲车 1 台、混凝土施工设备一整套，承接一般道路硬化、小农水项目施工能力颇强。2018 年，承建兴棚入户道路、农田水利整修、烤房维修等投资 110 余万元的扶贫和烟基建设项目，预计盈利 20 万元左右。合作社从施工队盈余中提取部分资金，用于社内沟渠、烤房等项目的小维修。

（2）高山蔬菜产业

谷粒瓜瓜烟叶专业合作社开发的夏季绿叶蔬菜基地，完整复制和利用烟叶生产整体先进的设备和管理技术，产品种类涉及莴苣、白菜、空心菜、大蒜、莜麦菜、蘑菇、辣椒、花菜，日产销蔬菜2 000余千克，产值5 000余元，在湘西州首府最大的蔬菜市场——五里牌农产品批发市场占据一定地位，不但可以满足湘西州市场，对周边其他市场也有一定的辐射；合作社与荣欣农业公司合作，实施“烟-菜”套作800亩，在烘烤后期烟厢上种植套作花菜，预计可给社员每亩增收1 000余元，同时给合作社带来一年10万余元的盈利。

（3）果苗种苗产业

谷粒瓜瓜烟叶专业合作社吸收乡村能人，带动社员发展猕猴桃种苗培育210亩，包括猕猴桃的实生苗、嫁接苗（米良、红心、金艳、徐香等）。同时，引进软籽红石榴、樱桃等果苗新品种，积极探索适合当地生态环境的产业。利用蔬菜种植、猕猴桃种苗培育等项目实现对病害烟田的有效休耕轮作。

同时谷粒瓜瓜烟叶专业合作社还组织开展土鸡蛋、竹笋、黑猪肉、腊肉、家禽、山羊、冷水鱼等农副特产及山珍开发等创富项目。

3. 企业管理手段的综合运用促进合作社发展

（1）企业基本制度建设

谷粒瓜瓜烟叶专业合作社订立了一系列企业的基本管理制度，保障了合作社的健康有序发展，提高了管理的工作效率和效能，以较为规范的管理降低了合作社的内外部风险。目前合作社订立的制度有《成员（代表）大会制度》《理事会工作制度》《监事会工作制度》《财务管理制度》《会计档案管理制度》《民主理财制度》《财务报告制度》《盈余分配制度》《会议制度》等。

（2）企业组织结构建设

为了使管理职责清晰，管理效率提升，谷粒瓜瓜烟叶专业合作社已经建立了以烟草为核心，多元化发展为联动的企业组织结构，设立理事会、监事会及各专业服务队，专业服务队负责人在社员中公开竞聘产生。在烟叶专业化生产服务上，各队基本以行政村为单位设立服务小组，目前共计有服务小组 64 个，其中机耕、植保、烘烤小组各 15 个，育苗小组 9 个、分级组 7 个、运输小组 3 个，共有专业服务队员 398 人。

（3）企业品牌营销和企业文化建设

企业品牌形象是企业产品或服务向外传播的形象载体，武陵山区农产品受地缘、气候的影响，同质化现象严重，为了使消费者能够尽快地识别产品或服务的特征，建立起对产品或服务的品牌忠诚，促进重复购买，企业需要注重品牌营销建设。合作社申请注册了“谷粒瓜瓜”品牌，品牌名称谷粒瓜瓜每个字都是农家产品，有着泥土气息和绿色生态立意，符合农产品品牌的定位，且与“阿里巴巴”韵律相似，便于消费者记忆和认知，便于品牌传播。以谷粒瓜瓜为品牌，推出了土鸡蛋、野生干山竹笋、野生蜂蜜、猕猴桃等特色产品，产品坚持绿色无公害原则，原材料全部来自绿色生产或者野生，统一加工包装；合作社制作并安装了视觉效果统一的Logo、标示牌和产品包装，形成了一套较为完备的视觉识别系统（VI）。合作社借助无线广播系统、专属网站、宣传牌等传统和新媒体渠道，对内对外宣传合作社；合作社多渠道拓宽市场，以“谷粒瓜瓜”品牌为统领，加大营销力度，提出“我们不生产食品，只是把大自然搬到你的餐桌上”的品牌宣传口号。加大与市场的对接，开辟了“餐饮店、农贸市场、互联网”3 个销售渠道，目前已与长沙四季味堂特色餐饮店合作，在其大堂内开辟专柜销售谷粒瓜瓜产品，向上海红星农贸市场发送了山竹笋、猕猴桃等产品，通过开设淘宝店、静态网站、百度推广等互联网营销手段，展销特色农产品。加强企业文化的建设，多方面激励合作社社员，增强社员凝聚力和归属感，通过为社员购置人身意外伤害保险、赞助社员运动会、聘请专家培训等措施，丰富了成员、社员间的交流，社员的团结一致更促进了企业良好品牌形象的建立。

4. 谷粒瓜瓜烟叶专业合作社的发展提升了民生效应

谷粒瓜瓜烟叶专业合作社的发展不仅提高了村民的收入，而且与产业配套的基础设施能够适应村民日常的生产生活，兴棚村的民生效应凸显。

（1）村容村貌大幅改善

“两场”设施的建设，使兴棚村形成东边——村民活动广场，西边——烘烤工场两大公共活动中心；水泥路入户、硬化水渠入田、机耕道成环，百姓生产生活便捷；整治村容卫生，积极开展城乡同建同治工作，出资为每户村民修建了垃圾焚烧池一座，村民逐步养成良好的卫生习惯。经过一系列建设，村容村貌焕然一新。

（2）村民荣誉感显著提高

先进的设施、成型的产业使外村对兴棚村刮目相看，本村村民自豪感、集体荣誉感更加强烈，村民素质也有较大幅度提高。

（3）设立“奖学助学”基金，支持学生教育

在湖南省烟草专卖局的支持下，设立启动资金为5万元的“奖学助学”基金，并建立相应基金管理及增值办法，该基金用于对贫困学生实施困难救助，对优秀学生、考取大中院校的学生实施奖励，为村办幼儿园捐赠10万元，重视学前教育，确保兴棚村没有任何一个学生因贫困而失学。

（4）设立“创业基金”，加强村民技能培训

2017年，公开选聘了2名青年赴长沙学习挖掘机操作，学成归来成为合作社挖掘机操作主力；支持30多位敢闯、敢干的农民启动特色种养创业项目；邀请厂家技术人员到村开展农机操作培训8批次，参训人员达220余人次；特邀县农机局到村培训并为合格学员办理农机操作驾驶证，12位村民首次拿到相关证照。组织了29名村民外出考察新农村建设，学习城乡同建同治先进经验1次；组织28户农民到常德桃源、龙山等地学习烟叶集中专业化烘烤。

（5）开展帮困扶弱工作

目前已向1名抗美援朝老兵，以及38人次大病患者、五保户或困难群众发放慰问金、慰问品共计4.02万元，组织县中医院到

村开展义诊一次，截至目前已为危房户异地建房2栋，整修简陋房屋6栋。

（6）开展文体运动

组建了兴棚村拔河队、篮球队，参加松柏镇庆“七一”运动会比赛并获“精神文明奖”。在合作社修建了篮球场，在合作社和七组毛塔坡修建乒乓球台，并组织开展了兴棚村第一届迎新春运动会，丰富了村民业余文化生活。

（7）开展文明创建活动

在村内评选奖励先进模范党员2名、优秀小组长3名、支持公益事业先进村民5名。

谷粒瓜瓜烟叶专业合作社的这种综合性农民合作社以当地村民为创业主体，以当地资源禀赋为基础，以烟草强势产业导入为突破，带动了其他产业的多元发展。以产业促民生，以民生助产业，帮助农村低收入群体在物质和精神上脱贫致富，高素质的劳动者又能够服务于当地经济，最终较好地实现了社会主义新农村建设的目标。

第二节　经济能人引领乡村产业振兴的实践

在乡村产业振兴中，要发展乡村特色产业，就要求人才不仅要懂生产、会经营，还需要有乡土情怀，熟悉农业、理解农民、热爱乡村。这就需要一批非常熟悉农业生产和农村特色资源，对于挖掘农村特色资源、发展乡村特色产业有显著作用的“农村能人”，充分发挥其“能人效应”。这些在农村土生土长的农村能人，不仅是农业生产方面的专家，更是各地方的基层精英，在农村的威望高，示范和带动作用强，与当地农民的联系紧密，农民对其信任程度高。这些“农村能人”能够在解决农民增收和农业增效问题方面发挥重要作用，能够带动乡村，推动产业链的拓展和价值链提升。因此，依赖这些乡村能人振兴乡村产业，更符合中央提出的乡村发展的“五大”总要求。

一、基本情况简介

毛坪村，一个位于大山深处的苗族村落，村里虽然自然环境好，但信息闭塞、交通不便，村民的生活生产水平不高，脱贫致富是大山里的毛坪村人一直以来的梦想。梦想照进现实，毛坪村出了一个致富领头人——龙献文，他带领大家实现富民创业梦。从1994年龙献文成为毛坪村村民委员会主任、村党支部书记开始到2020年，在这20多年里，龙献文引领着毛坪精神，带领着毛坪村人坚持不懈地追求着梦想。现今，毛坪村拥有总资产达8 000万元的6家村集体企业，村民年人均纯收入达7 400元，龙献文带领毛坪村人走出贫困，走向富裕。

在20世纪80至90年代，毛坪村人还过着有上顿没下顿、三餐不继的生活时，龙献文就已经成为大家心目中的有钱人——“万元户”。他的想法往往超人一步，他不是把所有精力都放在种田种地上，而是开始做起了“小商贸、小工程”，开拖拉机搞运输、摆地摊、开杂货店搞销售、当包工头搞建筑。自己一天一天地富了，也不忘村里的人，时不时也为村里出一分力，帮一把手。

有一件事情的发生让龙献文的观念改变了，下定了“要富就要大家一起富”的决心。在1994年的春夏之交，村里的一位母亲背着孩子过河回家，不小心被洪水卷走，孩子虽然被救起，他的妈妈却被无情的洪水冲走，失去了生命。在龙献文的积极参与下，修桥的事摆上议程，但是毛坪村集体没有一分收入，让村民掏钱也不现实，因为大家连吃饭都成问题，更没有多余的钱拿出来修桥，龙献文毫不犹豫地拿出4万元交给村里，还把自己准备盖新房的钢筋、水泥、木料等建筑材料用于修桥。龙献文的精神感染了毛坪村的村民，大家有钱出钱，有力出力。大家都很敬佩他。龙献文的行为让“扶贫司令”、时任吉首军分区司令员的彭楚政也大为感动。在彭楚政的大力支持下，毛坪村的桥很快就修起来了，毛坪村人把这座桥叫作“希望桥”。

“希望桥”不仅给毛坪村人架起了生命之桥、安全之桥、方便之桥，还架起了龙献文带领村民致富的决心之桥、希望之桥。龙献文觉得只要有一个有决心的领头人，毛坪村就能脱贫、就能发展、就能致富。1994年，龙献文担负着毛坪村人的信任和期望，成功当选毛坪村村主任。热心、大胆、敏锐、富于创造、乐于奉献的龙献文让毛坪村开始一天天改变——村里的小学修缮完成、农网升级改造完成，自来水管道铺设完成，1 000多米的防洪堤修好，7.2公里的村道硬化，2座大型水池、5处小水井投入使用。此外，还成立了村建筑工程队，把村里的劳动力集中起来，四处揽活，解决了许多家庭的生活困难。

他一边忙村里事，一边忙生意，毛坪村人跟着他，逐渐丢掉了贫困。在创办牛角山公司之前，龙献文已经拥有默戎工程队、龙鼻嘴加油站、丰源矿业公司3个私营企业，他的个人资产已经达到了1 700万元，按理说，龙献文就算不工作，也够花了，但他的一句话“大家没有富起来，我一个人富感到内疚！”表明了他的心意，随后，他决定把自己的全部钱和全部精力用来发展毛坪村的产业。

2008年开春，龙献文在全村党员干部会上宣布：“从今天开始，我哪儿也不去了，外面所有工程不接，我有多大能力，就和大家一起干多大的事！钱由我出，大家出地，一起做事，一起分红。”自己的房子成了“村部”，自己的4辆车子成了“公车”，养护和油耗都算自己的，自己的资金成了村集体产业的“专项启动资金”，自己的龙鼻嘴加油站向银行抵押贷款500万元用于毛坪村的产业发展，自己的人也都完完全全地投身于毛坪村这块热土上。龙献文投入毛坪村集体企业中的资金达1 400多万元，带领毛坪村人扎扎实实发展产业。起初，龙献文在放弃在外打拼的机会并决定回村带领大家共同致富的很长一段时间内，为毛坪村发展什么产业而夜不能寐。毛坪村处于大山之中，四周群山环绕，森林郁葱繁茂，不具备种植水稻、玉米等粮食作物的条件；交通不便，信息闭塞，也不具备发展工业的基础。但是，这里有一流的生态环境，土壤中硒等微量元素及有机质含量十分丰富，立体气候明显，雨水充沛，非常适合茶叶生长。经过多方调研，龙献文决定利用毛坪村自然资源禀赋，大力发展茶产业。2008年11月，毛坪村村办企业——湘西自治州牛角山生态农业科技开发有限公司挂牌成立，龙献文在成立大会上表示：“公司成立的目的，是通过发展茶产业，带领村民共同致富，同时把大山的生态茶推出去，让更多的人分享。”话语很朴实，却振奋了毛坪村人的心，让大家能够在自己土生土长的土地上，成就致富的梦想。随着茶产业的不断扩大，毛坪村专门成立了村办企业——古丈县牛角山茶叶专业合作社、牛角山茶厂。其中，古丈县牛角山茶叶专业合作社获评为“湖南省十佳农民专业合作社”，成为湖南省农民专业合作社的典型代表。毛坪村目前开发茶叶6 000多亩，建成牛角山茶厂800平方米的厂房，拥有一条年产100吨茶叶的生产线，实现茶叶产值上千万元。茶叶成为毛坪村的支柱产业之一，毛坪村依靠茶叶产业甩掉了贫困的帽子，村人均年收入增长了近10倍，2013年人均年收入达7 400元。

毛坪村的茶产业发展形势喜人，大家把功劳都归功于龙献文的无私付出、对市场的敏锐把握和对村民的坦诚相待，可他却认为茶产业的发展得益于五个“好”：一是政策好，党和国家对毛坪的特色产业发展扶持力度大；二是战略好，古丈县委、县政府把茶产业作为支柱特色产业，使茶叶的发展有了助力；三是企业体制好，公司、合作社、茶厂相结合，营造了非常好的发展氛围；四是茶叶好，市场有需求，才能销得更好；五是团结好，全村上下、全公司上下都团结一致，齐心发展。

2009年7月21日对于毛坪村来说是个悲痛的日子，一场大火夺走了村民的家园。当日凌晨，毛坪村的下毛坪突然发生大火，烧毁民房24栋，损坏民房7栋，受灾31户共139人，损毁村道、堤坎15处，直接经济损失达200余万元。无情大火将受灾群众的物、钱、粮焚烧一空，许多人变得一无所有，吃、住都无法保障。

火灾发生时，龙献文正在古丈县城为伯父守灵，闻讯后，他连夜奔赴火灾现场，组织救火和抢救物资，疏散群众。天亮后，他立即成立“7·21”救灾赈灾指挥部，迅速展开灾民救助安置工作，组织村民互助自救，分发救灾物款，安顿灾民生活，开展思想工作，安抚灾民情绪，同时向上级部门汇报，争取扶持援助，积极组织募捐，并会同有关部门，制定灾后重建计划，布置灾后重建工作。由于措施得当，行动快速，这次火灾没有造成人员伤亡，损失降到了最低，并让救灾款救灾物资第一时间发放到灾民手中。

毛坪村的火灾牵动着社会各界人士的心，大家纷纷以实际行动支援受灾群众。古丈县民政局当天就将大米、面条、油、盐、餐具、衣服、棉被等生活必需品送到毛坪村，发放到灾民手中，累计拨划赈灾款 44.42 万元。县建设局捐款 17 690 元后，又在最短时间内，无偿把灾民重建住房设计图纸送到毛坪村，使灾后重建计划迅速启动，顺利实施。县信用联社捐款 27 950 元，并主动提出为毛坪村灾民提供住房重建贷款，并特事特办，简化办理审批程序，仅 1 个月，就将 49 万元贷款发放到 17 户灾民手中。龙献文在火灾的第一时间捐款 2 万元，并把自己的建筑工程队的 4 台车全部免费提供给村部和救灾指挥部使用，在他的影响下，村干部、村民纷纷积极捐款捐物。2009 年 8 月 1 日，通过捐赠和贷款灾民筹集建房资金，重建正式开始。2010 年 1 月 11 日灾民新居正式落成。建成两层混砖楼房 18 栋，木房 1 栋，修复 7 栋，共 26 栋 28 户，使得灾民在春节前全部住上新房，修复村道、堤坎 15 处，毛坪村“7·21”灾后重建工作取得了决定性胜利。在本次灾后重建过程中，毛坪村共收到国家赈灾和社会捐助款项 1087 507.42 元，受灾户募集资金 52 万元。

二、实践探索与具体成效

这把大火没有烧掉龙献文的创业梦、没有消磨掉毛坪村人的创业热情，反而让龙献文的创业“浴火重生”，凭借毛坪村灾后重建的良好规划——房屋按照苗族风格统一建筑，凭借良好的区位优势——省道 S229 贯穿毛坪村境内又是张家界、凤凰古城两大黄金旅游景点的必经之路，每年有上千万的游客经过毛坪村，这个潜力市场龙献文琢磨着要抓住它。在火灾前，龙献文也想过利用特色餐饮和优质茶叶吸引游客，但成效甚微。火灾后，在各级领导的指导和帮助下，龙献文决定在毛坪村大力发展旅游业，打造“夯吾苗寨”。“夯吾苗寨”苗语即“峡谷溪边美丽的苗寨”，它的定位不同于张家界和凤凰古城：张家界以奇丽山水风光取胜，凤凰古城以悠悠边城文化闻名，而“夯吾苗寨”以精致的小山水和奇特的民族文化区别于张家界和凤凰古城，自然能引来无数游客的垂青。2010年7月，夯吾苗寨旅游公司正式注册成立。2010年8月5日，夯吾苗寨正式开寨迎客，建成200平方米停车场、100平方米公厕、70米文化墙、200平方米迎宾鼓场、200平方米苗族展示厅、1座索桥、1 200平方米防洪堤、2道滚水坝、6个苗家茶室、1个300平方米的苗族风情表演场。如果你到毛坪村，就会有苗家阿妹为你导游，让你欣赏苗家山寨的苗家山歌，品尝苗家的正宗糯米酒、领略苗家的风土人情，体验苗家传统文化。2010年9月16日，夯吾苗寨旅游区内建成了“牛角山村”苗家特色的农家乐，农家餐饮主要提供湘西的黑跑猪肉、芭茅鸡、土山羊肉等多种特色口味的菜品。这些都深受游客们的欢迎，游客还可以边用餐边欣赏苗家山寨的敬酒歌。该农家乐自开业以来，旺季每天要接待1 000多名旅客用餐，日收入达几万元，解决了村里50多人就业。

毛坪村人收获到旅游带来的实惠，大家只要把房屋“出租”给公司，自己在寨上“打工”，每户每年收入可有2万元左右，村里的劳动力不仅没有再外流，还吸引了大批外出打工村民回流，加入旅游产业开发。迄今，夯吾苗寨旅游公司平均月收入可达60万元，累计接待游客达到30多万人次。

“一头活，头头活”，茶产业和旅游产业的良好发展势头，“产业兴村、旅游富民、文化活村、经济强村”发展战略的实施，让龙献文看到了更为广大的市场，毛坪村的资源可以进一步深挖。2011年底，公司争取了国家的惠农项目资金，在牛角山上开发了千亩有机茶基地，而后又在牛角山建设了三大特色生态养殖基地——湘西黑猪养殖基地、湘西芭茅鸡养殖基地、湘西土山羊养殖基地。2012年，3种特色养殖业实现年收入560万元。牛角山四大种养基地的落成，让毛坪村成为周边村镇种植业和养殖业的技术培训中心、学习知识的园地。为鼓励、扶持、带动周边村镇的群众依靠种养走上富裕路，公司为农民提供种苗，提供技术服务，提供防治药物，并以高出市场行情的价格回收农户的产品。以“基地示范培训，统一管理、分散放养、防范风险”的长远发展思路推动毛坪村“牛角山”生态经济的健康发展，努力将“牛角山”建设成具有万亩有机茶基地，以及万头黑跑猪、万只土山羊、十万只芭茅鸡的生态农业科技园，增强毛坪村的产业辐射能力和经济带动能力。

毛坪村的经济发展势头好，一是得益于良好的资源优势，二是得益于政府的政策，三是得益于龙献文这个领路人的独特眼光。为了调动村民的积极性，毛坪村村办企业采用了“村支两委＋公司＋合作社＋科研院校＋基地＋农民”的运作模式，村民80％以上已成为村办企业股东。目前，村办企业拥有村民股东313人（户），提供固定就业岗位280个，带动灵活就业500多人，人均年工资达到2万元以上。村民以土地、房屋、劳动力、资金等形式入股村办企业，通过土地租金（每年每亩可固定分红200元）、务工工资、订单农业、盈余分配、二次返利、公司分红、旅游服务提供等方式获取收益。目前，村办企业总资产达到8 400万元，年产茶叶500吨、湘西黑猪5 000头、山羊6 000只、土鸡10 000羽，2013年实现营业销售收入4 700万元，显著的经济效益提高了村民融入集体经济的积极性。

夯吾苗寨与茶产业是毛坪村经济发展的两大引擎，两大引擎要保证发展的动力。2014年，《中华人民共和国旅游法》的相关政策和措施的出台，规范了旅游、餐饮、茶叶的消费，毛坪村的旅游业经历了调整，促使他们去思考毛坪村更为久远的畅想蓝图。

2014年，龙献文和村支两委商量，制定了《毛坪村旅游整体规划》，根据这个规划，毛坪村将会在两年内建设一个包含跳歌场、上下毛坪古苗寨、沿河景观带、农业观光园、风雨廊桥、吊桥、农耕作坊、筒车水车、景观鱼塘荷塘、水坝跳岩等多个景点在内的大型综合性高端乡村游景区，毛坪村将会成为融历史文化、农耕文化、风水文化、自然生态文化于一体的最美古寨品牌、中国最美村寨、乡村休闲度假胜地。龙献文满怀信心地说："这里搞田园风光，这里搞游车过路，有条件再搭一排吊脚楼，像一条金龙……"他勾画着夯吾苗寨旅游发展的畅想蓝图，让人充满希望，假以时日，夯吾苗寨会迎来新的繁华。

茶产业是毛坪村经济发展的另一引擎，龙献文对茶产业的发展思路依靠品牌宣传＋质量管理双管齐下，描绘着毛坪村茶产业走出去的畅想蓝图。目前毛坪村茶叶的品牌有"牛角山""黛勾黛丫"等，"黛勾黛丫"品牌名称苗语发音古朴、朗朗上口、含义深厚，汉语为兄弟姐妹之意，"黛勾"是阿哥，指茶叶及其"勾"形；"黛丫"是阿妹，指茶芽及其"丫形"。黛勾黛丫故又叫"兄弟姐妹茶"，蕴含手足情深、家庭和睦、爱人忠贞、人缘广泛、五十六个民族一家亲等美好愿望。茶品形成了古丈毛尖的绿茶、红茶、黄金茶三大产品系列、68 个单品。"牛角山""黛勾黛丫"品牌开始走向世界。

响亮的品牌是龙献文对外宣传的第一步，第二步就是建立多家直营品牌形象店，品牌形象店的建设首先以古丈县城、凤凰县城、吉首市为起点，逐渐向怀化、张家界等周边城市进发，而后在大城市扩张，目前在全国最大的茶叶市场北京马连道上也有布局，品牌形象店在全国各地按统一风格装修，突出"牛角山""黛勾黛丫"的品牌形象，与湖南卫视"快乐购"频道签订了慈善营销协议，加大电视宣传力度，在阿里巴巴、淘宝设立品牌专营店，加大互联网渠道的宣传。

茶叶想要受市场欢迎，需要让消费者了解你，让消费者喜欢你，并形成口碑。龙献文看到这一点，强化了品质管理，让产品的品质得到保证，按照有机茶的要求和标准种植和加工茶叶。牛角山茶叶种植基地土地富硒含磷，1 万多亩生态有机茶园中有 1/3 为林下茶园，牛角山海拔 800～1 200 米，森林覆盖率达 90％以上，且大多为原始次生林，气候温润、云雾缭绕、环境优美，远离城市、村庄、交通要道，被誉为"天然氧吧"。良好的生态资源成就了优质的原料资源，加上先进的生产工艺及标准化、清洁化生产，使得

“牛角山”“黛勾黛丫”云雾茶产品品质卓越，其口感香醇、耐冲泡，属原生态无污染高端茶品，在国内评茶会上多次获奖。在湖南国际农博会上，“黛勾黛丫”品牌茶叶荣获“金奖”，并与中粮集团签订了战略合作协议，牛角山高标准有机茶叶基地被定为中粮集团武陵山片区优质原料基地。2014 年 11 月 20 日，在澳大利亚中华文化节上，牛角山茶叶专业合作社的“牛角山”“黛勾黛丫”古丈毛尖、红茶受到了众多海内外友人的一致好评。古丈毛尖、古丈红茶以其香高味浓、回味甘爽的口感优势和绿色、有机的品质优势很快被抢购一空，茗盈茶业、龙茗古斋等澳洲中国茶销售企业分别与牛角山茶业签下合作协议。龙献文正带领着毛坪村人守住“毛坪精神”，面对一个一个的困难、抓住一个一个的市场机遇，大踏步向小康迈去……

第三节　传统村寨产业振兴的实践

一、永州市蓝山县土市镇泉塘村产业发展实践

（一）泉塘村基本情况

泉塘村因村规模调整，由原来的泉塘村、牌楼底村合并为一个新村，名为泉塘村，村民小组 12 个，农户 503 家，总人口 2 180 人，常住人口 2 180 人，劳动力 800 人，该村总面积为 15 564 亩，其中耕地 4 182 亩，山地 7 200 亩，旱地 3 152 亩，共种植水稻 1 030亩。该村有 35%左右的劳动力选择外出打工，这些劳动力的年龄绝大多数在 18～30 岁，这部分劳动力主要是指那些不再接受教育的青年和未成家的青年，只有少部分的劳动力年龄在 30～50 岁，这些劳动力主要是由那些家里没有多少土地或是土地已租赁出去或是在外面有了稳定的收入来源的人口组成。据调查，该村所种植的水稻有早稻和晚稻之分，而现在该村主要是种植晚稻。2013 年，在种植早稻的时节，政府在泉塘村宣贯种植烟草政策，自此，该村开始水稻种植转为烟草种植，而且大部分村民还把水稻田租赁出去以便成规模地种植烟草，也因此在该村建立了烤烟房，邻近几

个村庄的村民也会拖烟叶到本村来烘烤。尽管如此，该村还是仅有不足20户农户选择大规模种植烟草，而绝大多数农户选择大规模地种植该村的特色农产品——泉塘西瓜，这也与该村种植西瓜的历史条件有很大的关系。自20世纪七八十年代开始，该村就开始打造泉塘西瓜的品牌，三四十年来村民们都在不断地积累种瓜的经验、方法等，泉塘西瓜品牌经久不衰。而种植烟草是近四五年才开始的，村民们的经验少、技巧欠缺，更多的村民们还是选择种植西瓜。

这也奠定了农业（种植业）一直作为泉塘村经济支柱的重要地位。2017年泉塘村的集体经济收入为100万元以上，主要源于土地的对外租赁，以及各级政府下发的各类补助。2017年泉塘村获得的各类政策性资金为10万～30万元，这些资金用于修灌海井、挖垃圾池、修建硬化公路以及2017年首次举办西瓜节时所需的费用等。2017年，泉塘村在首次举办的西瓜节时获得本县乐果协会赞助8 000元，协和医院赞助1 000元，中华保险赞助600元，楠市、洪观农商银行，中西结合医院各赞助400元。2017年，本村人均产值接近1万元，人均纯收入为0.8万元。

（二）产业发展现状与主要成效

1. 基础设施现状与成效

泉塘村的基础设施近几年有所改善，但距乡村振兴实现的要求还有一定距离。①交通得到改善。2009年将穿村而过的S322省道路面加厚硬化。2017年本村实现村内道路硬化1 600米，修建机耕道1 500米、水渠260米、水井2处。②设立养老院和卫生院。泉塘村在学校附近修建了现代式的养老院，可以供五保户和老年人日常生活。此外，本村还有私人诊所，可以为老弱病残等提供上门服务。③建设娱乐设施。泉塘村委会于2017年投资18万元对休闲公园进行了整体规划，丰富了村民们的娱乐生活。其中，由本村村民组织的舞龙队、广场舞蹈队比较活跃。④加强水电设施建设。泉塘村绝大多数的家庭都已解决了用水问题，村里安装了自来水。但是也出现了用电问题，因此，村委会为村民们改装了电网，自此不会再因电压不足等问题导致经常停电。⑤加强生态基础设施建设。泉塘村的生态环境较好，2015 年泉塘村开始整治生活垃圾问题，并开始挖垃圾池，每天均有垃圾车在中午或下午的时候走遍村里的每个角落，收集每家每户的垃圾。村委会成员不定期地检查农户们排放的废水等，不达标的对其进行整治。

2. 金融资本现状与成效

2017 年，泉塘村为了发展二三产业，从各级政府获得帮扶资金 5 万～10 万元。但由于泉塘村的经济支柱是农业，而且大规模发展泉塘村特色农产品周期较长，投入的资金短期得不到回报，如同银行存款存入定期，资金周转受阻。此外，尽管近年来加大了农村金融的改革力度，也取得了较大的进展，但是泉塘村村民的融资渠道仍以土地租赁、向亲戚朋友借款和政策性的扶贫贷款为主，而且村民向银行贷款难的问题也并未从根本上得到解决。最重要的是村民们在购买农业保险方面的意识不强，使得农业保险的赔付率高、回报率低，这也造成了本村的农业保险存在买方“不愿买”和卖方“不愿卖”的现象，导致出现本村的金融服务单一、资金来源途径少的问题。

3. 人力资本现状与成效

泉塘村村民受教育程度普遍偏低，对村委会成员进行访谈后得知，泉塘村有劳动能力的人口中，具备专科及以上学历的比例不超过 5%，其中 30～60 岁的村民中有中专及以上学历的人数不超过 10 人，这也在一定程度上导致了泉塘村的高素质劳动力短缺。泉塘村曾经有幼儿园和小学一二三年级。现在却只有小学一年级。优秀的教师团队不愿来泉塘村教学，教师资源从原来的 1～2 位优秀外地教师到现在只有 1 位本村的年老教师。泉塘村小学接收学生数量也在不断减少，学生已少于 20 人。此外，泉塘村村民利用自己的专长在村创业的人数仅为 30 余人，在外地成功创办企业后回乡投资兴业的人数也不超过 20 人。2017 年泉塘村组织过 5 次以上生产、经营培训班，其中有 100～150 位村民参加了本村组织的生产、产业培训，有 150～200 人参加了上级或者企业组织的产业培训，每次培训时长在5～10天。

4. 生产技术现状与成效

泉塘村一直以农业生产为主，主要种植泉塘西瓜，泉塘西瓜的种植已成规模，因此，引入现代农业机器与装备数量较多，如耕田机、挖土机、收割机等。这些机械的运用大大提高了农民的生产效率。此外，泉塘村利用现代农业生产技术的情况也较多，如西瓜育苗的嫁接技术、滴灌技术、高效低毒的病毒鼠害防治等，这些现代农业生产技术的应用提高了农产品的产量。不足之处是该村在农业生产中利用智慧农业技术较少。主要还是因为智慧农业技术应用面临农业信息通信设施严重缺乏、缺乏统一的智慧农业标准、劳动力综合素质有待提高、现代农业信息推广应用不足等问题。

5. 特色农产品发展现状与成效

泉塘村的特色农业产品是“泉塘西瓜”。泉塘村西瓜种植始于20世纪的七八十年代，村民们有丰富的西瓜种植经验与技巧。优质的土壤富含多种微量元素，铁元素含量高，加上合理运用有机种植技术和丰富的种植经验，泉塘村的西瓜口感好，深受广大消费者的喜爱。泉塘村将西瓜打造成其特色品牌产品，该村出产的西瓜被命名为“泉塘西瓜”。2017年6月，泉塘村举办了首届西瓜节，设有免费品尝区以及吃瓜比拼环节等，此次西瓜节获得了许多平台的赞助，也吸引了近千位蓝山县居民来到本村购买“泉塘西瓜”，有效推广了“泉塘西瓜”，提高了“泉塘西瓜”的知名度。

（三）主要经验

立足于泉塘村产业发展现状和已取得的成效来考虑，要想发展，就必须得把农业发展起来，要想把农业发展起来关键在于把泉塘村的特色农产品发展起来并做大做强。以泉塘村“泉塘西瓜”为例，提出了以下主要经验供参考，以此来促进泉塘村农业产业的发展和实现乡村振兴。

一是要增加村民的资金来源、融资渠道。通过增加资金来源、融资渠道，来提升村民们收入的增长速度。此外，政府或村委会成员们应加大宣传力度来增强村民们购买农业保险的意识，以此来解决泉塘村农业保险存在的“不想买”和“不愿卖”的问题。从而增加村民们为扩大特色农产品生产规模时的融资渠道，增加农民们的收入，促进该村农业产业化的发展。

二是要提高村民接受教育的程度。通过安排一些培训课程来提高村民受教育程度，以此缓解村内人力短缺的问题。村委会成员应重视农村的基础教育，在增添农村的养老设施的同时也应注意农村的基础教学设施的及时添置和保养。相关政府部门应增加农村教师的工资，提升农村教师的社会地位，吸引一些高素质教师到农村教学。国家也应加强农村教育事业建设投入力度，要不断地改善办学条件，提高农村的教育质量，对贫困家庭的学生实行教育救助。此外还要有针对性地发展职业技术培训，扩大村内生产培训班的规模，增加培训次数、延长培训时间。以此来提高村民们的素质，使得村民们能够更快、更好地接受新的事物和学习使用新的科技，促进泉塘村农业产业化发展。

三是要开放农村市场。实行“引进来”和“走出去”的发展战略，以此提高泉塘村农业科技开发应用程度。引进更为先进的机械、生物、化学技术，实现农业现代化。村民们应多去外地学习先进的生产知识和运用新科技，村民们也应将自己擅长的生产技术传授出去，营造一种“你来我往”的良好氛围。村委会成员应通过有线广播或借助其他设备等途径对村民进行科学知识的宣传，增强村民的科学意识。此外泉塘村的村民们还应更多地去学习智慧农业技术，提高农产品的生产效率和生产质量。同时，还需要进一步普及电脑技术，促进农村信息化建设，提高农村信息化对称度。

四是要加大农产品（“泉塘西瓜”）品牌的宣传力度。加大泉塘村的品牌农产品打造力度。可在西瓜销售的关键季节，通过电视报纸、开辟专栏等形式开展连续深入的宣传报告，并引导树立正确的品牌质量观念。尽快建设具有一定规模、设施配套、功能齐全的农产品中心交易市场，合理规划建设农产品产地市场（泉塘村村委会成员已有所规划，决定在泉塘村修建一个西瓜交易市场，但规划并未落实）。实施农产品走出去战略，运用各种有效手段，积极拓展销售渠道，提高农业组织化程度，积极扶持和培育具有较强辐射带动能力的农业龙头企业，研究建立农产品加工基地，使泉塘村的特色农产品实现加工增值。重视营销组织建设，培育农民经纪人队伍，引导、鼓励和发展壮大营销队伍，促进该村特色农产品的销售。

二、湘西州花垣县花垣镇卧坝村产业发展实践

（一）卧坝村基本情况

卧坝村是 2017 年 6 月由塘茶、上大神、卧坝三个老贫困村合并组建的苗族新村。全村辖 11 个自然寨、15 个村民小组，总人口 1 807 人（其中劳动力 756 个），共 425 户。行政管辖总面积 6 600 亩，其中，山地面积 4 000 亩，占总面积的 60.6%。耕地总面积 1 800亩，占总面积的 27.3%，其中，稻田面积 800 亩，旱地面积 1 000 亩。河流、山塘、水库等水面占地约 800 亩，占总面积的 12.1%，资源利用比例为六山一水三分田。全村人均耕地面积 0.99 亩，其中人均稻田面积 0.44 亩，旱地面积 0.55 亩。粮食常年总产量 320 吨，人均产粮 177 千克。该村没有集体企业，没有可供持续发展的支柱产业，农民的经济收入全靠不稳定的粮食生产和家庭养殖业支撑，部分人多田少、劳动力贫乏的农户生活十分困难。2017 年，全村有精准扶贫户 223 户、贫困人口 919 人，其中普通困难户 145 户、低保户 48 户、兜底户 19 户，卧坝村是县政府确认的深度贫困村，脱贫攻坚任务十分艰巨。全村常年外出务工人员 250 人，占总劳动力人数的 33%。务工年总收入预计 750 万元左右，务工收入成为卧坝村农民的主要经济来源之一。外出打工的大部分农户基本实现了脱贫，有一技之长的外出务工人员建起了小洋房，少数农户有了车子，给全村带了个好头。2017 年全村粮食、经济作物、养殖和劳务输出等几项年总收入 1 000 万元左右。全村人均年产值 5 000 元左右，人均年纯收入 3 000 元左右，但贫困户的收入远低于全村人平均标准，贫富差距很大。

（二）卧坝村产业发展现状

①水稻生产。水稻生产是卧坝村农民的主要生产项目之一，2000年前由于生产技术水平低，造成大多数农户年年缺粮。随着科学种田的水平不断提高，特别是大力推广杂交水稻高产品种和旱地育秧栽培技术后，水稻产量得到大幅提高，每亩产粮在500千克以上，绝大部分村民基本解决了吃饭问题。②旱粮生产。旱粮生产以玉米、红薯为主，地里间作套种少量大豆、绿豆。因水稻生产基本解决了吃饭问题，所以大部分农户都把玉米、红薯等杂粮作为家庭养殖饲料使用。③经济作物生产。由于旱地零星分散且大多数分布在坡上，远离村寨，所以全村除房前屋后零星散栽的梨、桃、李子、板栗等经济作物外，很少看见集中成片的果园。其中，蔬菜类作物多数种植在房前屋后或离村寨较近的地方，自产自销解决家庭吃菜问题，用于上市交易的产品少之又少。④养殖业。因人多地少，大部分村民把养殖业作为重要的经济来源，有养猪养鸡的习惯，在发展养殖业方面有较好的基础。全村共养羊400只，养猪120头，养牛30余头，家禽1 500只。此外，在国家扶贫资金的帮扶下，全村养羊50只以上的大户共5户，养猪30头以上的大户共4户，养牛3头以上的大户共3户。

（三）主要经验

一是要因地制宜制定产业开发规划。确立种植蕾竹为支柱产业项目。按“一村一品”开发支柱产业的发展思路，实施整村开发总体规划。在开发模式上，采取总体布局、分户实施的方法，逐年完成目标任务，建设花垣第一个蕾竹引种示范和种苗基地，这也为县内外后续发展打下基础。卧坝村以蕾竹为支柱产业，主要是因为蕾竹生产适应性广，不受海拔高度和土壤类型限制。根据卧坝村土地较分散这一实际情况，因地制宜，见缝插针，零星栽培，采用小分散大集中模式，形成区域连片，达到规模化栽培的目的。此外，卧坝村还充分发动群众做好政治思想动员工作，以自力更生、自筹资金为前提，力求争取国家帮扶资金支持，发展蕾竹产业。同时，为了加强项目组织管理力量，村支两委负责主抓，成立蕾竹种植专业合作社，以农村合作组织形式广集社会能人和积极分子共同参与蕾竹开发项目的经营管理工作，干部群众一条心，把开发计划落到实处。

以卧坝村充分挖掘蕾竹种植经济价值的过程为例。据调查，卧坝村有 800 亩退耕还林面积。蕾竹喜爱土质肥沃湿润的环境，又是比较耐阴的多年生植物，适宜与少量植物混栽。卧坝村退耕还林地的林木因近几年的冰雪灾害，压断毁坏无数，很多地块逐渐变成荒地。在政策允许的前提下，发展蕾竹种植的过程中，可以采用退耕还林补植方式，用蕾竹替代其他林种进行补植，逐步恢复退耕还林绿化面积，达到优化林种的目的。卧坝村大部分农户都有在房前屋后栽种竹子美化环境的习惯，所以熟悉竹类生活习性和培管基本技术，对发展蕾竹产业信心十足，积极性很高。2017 年 11 月，村里自筹资金，从常德调运一批蕾竹种苗回村试种。消息传开，种苗被群众抢购。拿到种苗的群众立即肩扛背驮把种苗搬运上山，挖穴栽植。2018 年春节后，村里再去常德调运回一批种竹，以满足积极性高的农户率先发展种植，为全村带个好头。

二是要利用生态条件优势，打造乡村旅游产业。卧坝村有天然集中的森林面积 4 500 亩，统称五台山林区。因吉首至花垣边城的观光旅游大道经村边缘而过，离县城近，所以交通条件极好。林区气候四季凉爽，树木茂密，山脉起伏连绵长达 5 公里。由于海拔高度在 700 米左右，所以在炎热的夏秋季气温十分凉爽宜人，是绝佳的避暑度假的好地方。五台山林区有沿着山脉走向的风景，每隔一段距离的山腰上都有天然的观景平台，可以俯瞰花垣镇、龙潭、道二、麻栗场、雅桥等地的自然景观，犹如鬼斧神工有意打造一般。有湘西新机场观景台、紫霞湖景区观景点、观赏县城全景的制高点，可早看日出，晚看夕阳，视野极为开阔。五台山主林区属国有林区，长期有护林员专业管护，树木密集参天，环境幽雅阴凉，形成了秀丽的天然静态原始森林游玩区。林区野生动植物资源十分丰富，每到春暖花开的季节，百花齐放，景色迷人，让人流连忘返。

三是要挖掘初具雏形的观光景点价值。五台山林区质地属石灰岩地质结构，地下溶洞较多，暴露在外的较大岩洞有洞天居、老虎洞、无底洞、牛鼻子洞等处，还有很多零星分布的不起眼的小岩洞，走向连成一条线，极具开发利用价值。无底洞是个神秘的自然天坑，从古至今当地村民曾组织过多次天坑探险活动，都因洞穴深不可测而无功而返，从而成为神秘之地。为了解开牛鼻子洞为什么一到夏天，洞口就有一股徐徐凉风吹出之谜，2016 年，当地村民自发筹集资金 8 万元，打开洞口进行探索和开发。2017 年，洞内开发初具雏形。洞内景观可分上、中、下三层，洞深 1.2 公里，洞内空间较大，完好无损的奇观异景十分迷人，洞连洞、景连景，钟乳石、石花、石笋等景观比比皆是。游览洞内三大主洞景观需两小时以上，游客络绎不绝，观赏后都赞不绝口。另一个值得挖掘的景点是吉辽河城市饮用水库，水库坐落在五台山林区边上的卧坝、大冲、糖茶三个自然村寨中心地段。库容面积 1 600 亩，水面沿着山边从坝体到坝尾长度约两公里。水库建成蓄水后就是一道迷人的风景线，蜿蜒的水面与岸边的绿树相互映衬，景致格外秀丽。库中有多个高出水面的山包又造就了一道道景观。已经发掘的牛鼻子洞口就在离水面两米高的位置，洞水相连，景观独特。

第四节　地方特色产业振兴的实践

一、邵阳市隆回县桃洪镇迈迹塘村的产业发展实践

（一）迈迹塘村的基本情况

迈迹塘村位于邵阳市隆回县桃洪镇，有隆回北大门之称，共有东子冲村、大洲村与云祥村三个自然村，总面积 6 915 亩，其中水田 1 837.1 亩、旱地 529.2 亩、山林 3 259 亩，共种植水稻 1 500 亩，湖泊面积为 50 亩。村民小组 31 组，共 850 户，总人口 2 707 人，其中男性 1 403 人、女性 1 304 人；常住人口 1 430 人，常住人口中 477 人为劳动力。迈迹塘村有 S219 省级高速公路经过，公路交通较发达。迈迹塘村属亚热带湿润季风气候，春夏之交多暴

雨，常有伏旱、秋旱现象，水源充足。农业以种植业为主，包括水稻、玉米、辣椒、花生和西瓜种植等，工业包括辣椒加工、洁具和砖的生产。

（二）迈迹塘村的产业发展现状

1. 农业上，发展较快，生产技术提高

迈迹塘村由于田地居多且气候适宜耕作，所以当地村民以种植业、养殖业为主，生活来源大部分为自主经营，少部分源于政府扶持。2017 年，迈迹塘村从各级政府获得帮扶资金 10 万元用于发展乡村产业。迈迹塘村是传统村落，加上以农业为经济支柱，对农产品产业的发展寄托了厚望。因此，传统农业生产中利用现代农业生产技术与现代农业机器装备的比较普遍，收割稻谷有收割机，耕地有耕地机，搬运一般自家还有车子。但村民接受新知识、新技术的能力有限，使得现代智慧农业技术的应用较少。

2. 工业上，龙头企业一枝独秀

工业上，迈迹塘村里拥有 6 家私营企业，有军杰酱品厂，以及两个砖厂、两个电厂和丘比特洁具厂。“辣军突起，椒中俊杰”，军杰酱品厂实行“公司＋基地＋农户”模式，采用互联网进行产品销售。另外，政府投资帮扶资金 3 000 万元，把军杰剁辣椒打造成特色品牌农产品，深度开发加工。军杰酱品厂生产规模大，产品质量优。此产品销往全国，甚至出口欧洲，企业年产总值达千万元以上。此外，这几家企业能较顺利地从银行申请到贷款，这有力地支撑了村企业的发展壮大。村农户则主要参加政策性农业保险。村里还未成立专业合作社、村办企业、家庭农场和协会。村里的土地流转共 200 亩，其中，田 70 亩流转费 45 000 元，山 100 亩流转费 28 000元，土 30 亩流转费 32 000 元。这些收入主要用于工业的发展和工厂的扩张。

3. 乡村旅游业，独具特色

2018 年，迈迹塘村修建了大洲水上乐园，建立了桃花古镇，从山东引进樱桃树，大力发展乡村旅游。在东子冲村、云祥村种植 200 多亩樱桃树和桃树，其中 100 多亩主要供游客观赏，所结果子

对外出售。村里10名村民利用自己的专长在村发展旅游业和种植业。村里每季度月初组织生产、经营培训班，由农科员或企业专家给村民培训种植和养殖知识，参加总人数达220人，其中参加企业组织（军杰）的产业培训人数达40人。村委组织摘种节，前来观光的游客也可参与到摘辣椒、果子的活动中来。

综上所述，迈迹塘村的产业发展情况比周边乡村，如合农村、兴隆村、曾家坳村、八一村和英蓉村好一些。军杰酱品厂为贫困户统一供应农资、统一提供育苗、统一供应肥料农膜、统一技术管理，并与贫困户签订包销和保护价收购协议，让种辣椒的农民获得高收入的同时承担零风险。土地流转使农民获得财产性增收，而且该村保证5年内关闭污染较大的砖厂，生态环境也将进一步得到改善。

（三）主要经验

一是要大力发展乡村旅游，助推贫困户获利。迈迹塘村于2016年申请养老院、旅游和地产开发项目，2018年申请成功。建设周期共10年，投资15亿元，村民以田土入股分红，招商对象来自新疆商会。另外，迈迹塘村还在大洲洪州坝和沙州小岛上开发水上乐园和桃花古镇。主要项目计划如下。首先是在大洲村桃花古镇建造一个水上乐园，有水疗城、商业街、别墅、老人公寓等。建立健全配套服务设施，如医院、学校、餐饮等。桃花古镇与水上乐园形成一条街，加上九龙一条街，共两条街。其次，将芙蓉山的烈士公园列入发展项目，将其重新打造，重新设计。因为隆回县的旅游机构都在北面，如小沙江的花瑶、金石桥的温泉、自马山的宝莲仙寺，已经形成系统。

二是要明确分配主体，完善征地补偿。如果是按份共有关系，那么家庭成员各自所使用的份额被征收，补偿款就应归使用人；如果是共同共有关系，那么在承包期限内，无论哪一个家庭成员使用的任何部分家庭承包地被征收、征用，除青苗等补偿费用归使用者个人外，其他因土地被征用而由集体分配的各种补偿款项，均属家庭成员共同共有，平均分配。由于在我国农村土地承包实行的是家庭联产承包责任制，也就是俗称的“分田到户”而不是“分田到人”，所以，在此制度下，作为家庭成员之集合的农户是承包经营权的唯一主体，单个家庭成员不能单独享有此项权利，故属于共同共有关系。此外，若出现承包人出嫁、死亡或其他情况，家庭成员继续承包经营责任田并缴纳相关税费，该责任田被征用后，其余继承人可以以已尽赡养义务为由要求分得属已死亡的承包人份额内的土地补偿费。

三是要加大人才投入培养力度，强调人才储备的重要性。迈迹塘村意识到人才对乡村发展的作用，所以有意识地进行人才培养和乡村产业发展教育，迈迹塘村新兴工业产业的快速发展很大程度上也得益于专业人才的提前储备，其在技术创新中起到了重要的作用。依靠人才对外来先进技术与知识的快速吸收消化，转化为现实的生产力和战斗力，实现了新兴产业跨越式的发展。

二、永州市祁阳县进宝塘镇龙鸣村产业发展实践研究

（一）龙鸣村的基本情况

祁阳县龙鸣村是由原满冠村与原农民村合并而成。龙鸣村共有自然村 2 个，村民小组 19 个，农户 460 家，总人口 1 750 人，常住人口 1 500 人，其中有 1 300 人为劳动力。龙鸣村的面积为 5 400 亩，其中耕地 1 400 亩、田地 2 000 亩、湖泊 500 亩，共种植 1 400 亩水稻。龙鸣村拥有较好的自然资源条件与历史文化条件，但地理位置较偏僻，交通条件较差。中国移动、中国联通与中国电信等通信方面信号良好，大多数村民月均通信费用为 30～50 元。同时村内也有一定数量的农民家中安装了宽带，运营商主要为中国移动与中国电信，龙鸣村的电视信号来自卫星系统。

龙鸣村以农业生产为主要的经济支柱，集体收入主要来自集体资源内部发包、各级政府下发的各类资助。2017 年，集体经济年收入较少，为 5 万元以下；从各级政府获得的政策性资金接近 5 万元；人年均产值与人均纯收入也不高，人年均产值为 1 万元以下，人均年纯收入为 5 000 元以下。

（二）龙鸣村的产业发展现状

龙鸣村以农业种植业为主，主要农产品为砂糖橘、番石榴、小胡萝卜、菊苣、奇异果、酸莓、土豆等，未来三年发展的重点产业仍是以农业为主。其中，龙鸣村最具特色的农产品为砂糖橘，销售情况较好，但生产规模一般，没有做成品牌，没有做大、做强，没有对其进行精细化加工，达不到预计的理想收入。龙鸣村农业技术水平低，农业装备甚少，产品主要通过线下销售，没有形成农村淘宝、天猫 App 等线上销售模式，农业产品对外销售困难，当前龙鸣村产业发展面临诸多棘手问题。2017 年，该村加入了专业合作社和家庭农场两种生产经营组织，参加专业合作社的比例为10%～20%，其中有 6 家坐落于龙鸣村，但并未实行“公司＋基地＋农户”模式，农户从专业合作社得到的帮助甚少。土地流转比例为30%～50%，多数为亲戚朋友间小规模的流转，没有形成农业规模经营。龙鸣村拥有石墨、氟石、辉铜矿、铅、滑石、钦等自然资源，但没有被开发利用。乡村旅游产业没有发展起来，缺乏乡村能人回乡创业。村集体收入少，其主要资金来源是政府拨付的扶贫资金，2017 年，龙鸣村从各级政府所得的帮扶资金仅有 5 万元，难以发展农业产业。农业发展所需资金主要靠亲戚朋友之间的借贷，向金融机构贷款难度大。

（三）主要经验与主要成效

1. 主要经验

产业发展一直是湖南省扶贫开发的关注点，综观龙鸣村的产业发展总结出以下几点经验。

一是需紧跟时代潮流，充分利用互联网与现代科学技术。龙鸣村的重点发展产业为农业，但龙鸣村的农业现代化技术发展较慢，耕作方式相对传统，故龙鸣村要想取得大发展，就需利用现代农业科学技术提高农业现代化、自动化程度；同时充分利用计算机、互联网等，对农产品销售管理信息的收集、反馈和传递进行及时处理，为改进农产品加工销售的精细化管理提供真实可靠的信息保障，实现决策的科学性和高效性。同时可利用互联网工具加大对特色农产品的宣传销售力度，最大化地实现其经济价值。

二是积极争取资金与技术援助。通过对村内干部的询问可知，龙鸣村所得的国家援助资金不高，也未引进专业技术人才，导致产业发展受阻，未来可积极向政府争取资金与技术援助，打好发展基础。积极制定当地产业发展长远规划，在明确产业发展方向的同时，通过各个项目立项争取上级政府资金支持。加强校企合作以及科研院所的合作，引进先进技术。

三是因地制宜，挖掘特色，加大宣传力度。充分利用本地优势，对龙鸣村的各项资源要充分合理利用，打造凸显龙鸣村特色的品牌，实现“一村一品”，推动一二三产业共同发展。同时，加大各品牌的宣传力度，推动本村特色产品走出去，积极争取有财力的企业来村，实行“公司＋基地＋农户”模式。充分利用本村耕地面积广的优势，对荒废耕地进行治理，优化农业技术，提高每单位耕地粮食出产量。在提高种植业产出价值的基础上，大力发展渔业、林业等产业。

四是加强农村基础设施建设。加大对农村基础设施建设的投入力度。首先，建设农村基础设施会降低包括生产成本、运输成本、储藏成本、销售成本、风险成本和决策成本在内的总生产成本，从而达到提高农村经济活动的经济效率的目的。其次，建设农村基础设施，“要想富，先修路”，该村在交通条件不利的情况下，应选择修路作为乡村产业发展的“先手棋”，加大乡村道路、信息通信、供排水及市场硬件等设施的建设，促进农村产业的专业化、市场化、社会化、一体化发展，产业规模的积聚和结构的优化，促进经济总量在空间上的积聚，加快城镇化步伐，实现农村的现代化。最后，建设农村基础设施会降低农民面临的自然风险和经济风险。龙鸣村可以通过广开资金渠道，采取向上级争取、利用“一事一议”争取能人、大户捐助等多种形式，解决基础设施建设资金不足的问题。

五是加强农民的技能培训，鼓励外出务工人员回乡创业。应充分发挥基层农技部门和科技人员的作用，以及充分利用各类农民教育培训资源，加强有针对性的职业技能培训，分期分批地对农民进行农业实用技术等的培训，使大多数贫困农户及其未升学的子女能掌握一两门实用技术，提高贫困群众的自我发展能力、就业创业的能力。要大力发展农村成人教育，提高村民综合素质。同时积极搭建创业平台，通过一系列优惠政策，给予其大力支持，吸引与鼓励外出谋生人员回村创业与返乡就业。外出务工人员拥有资金、技术、管理等方面的经验和优势，能直接促进新农村建设、村容村貌的改善、经济的繁荣，同时也会为本地产业的发展提供新鲜活力。

2. 主要成效

尽管龙鸣村在产业发展方面发展步伐还不够快，但在精准脱贫、“三清三拆”以及新农村建设方面取得了较大成效，主要表现为以下几个方面。

一是产业规模持续扩大。特色砂糖橘、柑橘产业的发展，有效地改善了龙鸣村的经济以及生态环境。一方面表现在，龙鸣村年总产值、村民年收入及村民的生活水平普遍得到了提高，如龙鸣村以前常见的土砖房已经大量减少，取而代之的是具有现代气息的小洋楼。另一方面表现在，植被覆盖率得到提高，空气得到了净化，荒山得到了绿化，减少了水土流失，培肥了地力等；同时带动了运输、加工、住宿、餐饮和旅游等行业的发展，为当地村民提供了大量的就业机会，在很大程度上促进了龙鸣村的发展，为龙鸣村乃至整个县实现可持续发展奠定了坚实基础。

二是产业结构趋于优化。龙鸣村坚持“稳粮优经融合”主基调，积极响应“菜篮子”工程建设要求，打造以精细农业为特色的农副产品供给基地，形成了优质稻、油茶、蔬菜、水果、茶叶、畜禽养殖六大主导产业。粮食生产稳步发展，2018 年全县粮食播种面积为 165.84 万亩，其中龙鸣村粮食播种面积达 1 400 亩；油茶产业实现新突破，龙鸣村依托“全国油茶之乡”金字招牌，按照“一县一特”要求大力发展了油茶产业；经济作物扩面提质，龙鸣村蔬菜种植突破了以往传统方式，采用新技术，这在很大程度上提高了蔬菜产量，龙鸣村还利用当地的优势气候、土壤等条件，大力种植砂糖橘等水果，推动了该村农业产品多样化发展。

三是产业发展动能不断增强。龙鸣村深化农村土地改革，全面完成农村土地确权颁证，全县土地流转总面积达到72.15万亩，有效地促进了龙鸣村农业规模化发展，油茶产业园、蔬菜产业园、农建投果蔬产业园区等一批规模大、标准高、示范带动力强的产业基地不断涌现。积极探索农村土地“三权分置”实现方式，农民通过流转土地收“租金”、订单生产得“现金”、入园务工赚“薪金”、资金入股分“股金”，实现“一地生四金”，村民年人均增收达5 000元以上。龙鸣村大力培育了农村新型经营主体，加大了注册专业合作社、家庭农场合作社的力度。

第四章

以山东省潍坊市为例谈守护绿水青山，建设生态宜居美丽乡村

第一节 生态宜居是人民日益增长的美好生活需要

良好的生态环境是人民日益增长的美好生活的重要组成部分，对美好生活的追求包含着对优美生态环境的需求。正如习近平总书记指出的那样，良好生态环境是最公平的公共产品，是最普惠的民生福祉。对于农村来说，拥有良好的生态环境对其振兴与发展非常有利。一是良好的生态环境能为农村经济发展提供良好的资源要素。良好的生产空间，各种优质资源，有利于生产出高质量的产品、提升产品的竞争力。二是良好的生态环境有利于农村废弃物的自然分解与容纳。三是良好的生态环境能不断满足城乡居民对美好生活的需要。随着人民生活水平的不断提高，农村居民对农村的生产生活环境有着更高的期待。农民渴望喝上安全的饮用水，走在宽敞通畅的马路上，渴望绿树与鲜花，期待拥有美丽的乡村，这些都是农民对于美好生活的向往。另一方面，随着城镇化的不断推进，城市居民对于农村发展也有了新的需求。他们渴望农村提供清新的空气、优美的田园风光，能够提供休闲度假的好场所，希望在乡村能够体会到农耕文化，寻得到“乡愁”。要满足城乡居民对于美丽乡村的向往，就必须实现乡村的生态振兴，建设生态宜居的美丽乡村。

实现乡村的生态振兴，是一个复杂的系统工程，需要全方位整

治、全员参与。基层党组织在生态振兴中起着引领与组织作用，要充分发挥基层党组织的领导核心和战斗堡垒作用。农村干部党员要率先示范，发挥村民的主体作用，打造生态宜居的美丽乡村。

第二节　建设生态宜居美丽乡村需要解决的问题

一、乡村环境污染

我国现阶段的农村生态环境污染不仅类型多样，而且来源广，表现出复合型污染特征：点源污染与面源污染共存，生活污染和工业污染叠加，各种新旧污染相互交织，农村生态资源退化由局部向更广阔的区域扩展，概括起来主要是农村生态环境复合污染和农村生态资源退化；从污染类型看，水体污染、土壤污染和空气污染同时存在。

农业的面源污染需要得到有效治理。我国农业增长的过程中，化肥、农药和地膜使用量也急剧增加，畜禽养殖是造成农业面源污染的非常重要的原因。近年来，我国畜禽养殖业发展迅猛，畜禽养殖在农业中的比重不断增加，同时也带来畜禽养殖污染问题，并且具有影响范围广、持续时间长的特点。很多养殖区缺乏科学规划。有的养殖区选址没有考虑保护生态环境，仅考虑养殖户就近方便，降低成本，或利用自己的承包地，或靠近交通干道，甚至建在水源地上方，往往形成养殖场包围村庄的态势，废弃物多数依靠自然消化。有的养殖区考虑了环保问题，建设在离村庄较远的山岭薄地，但基础设施建设没有实现配套，对养殖场粪污无害化处理设施投入严重不足，污水随地表径流下渗、外流，长期对周边区域的地表水、地下水造成严重污染。有的园区从概念上是标准化园区养殖，实际上仅仅是庭院养殖的集合，并没有解决好环境污染问题，污染问题反而被掩盖了。许多养殖户在喂养上缺乏科学标准，存在过度喂养和过度防疫等问题，致使粪便等废弃物成分更加复杂，对环境的影响更大；对粪尿及动物尸体等的处理缺少科学渠道，存在粪便盲目还田等现象，破坏农田生态环境；养殖场的建设比较简单甚至简陋，粪便的收集、堆放、倾倒比较随意，无害化处理不到位；用产业化的思路考虑解决粪便及副产品的出路不够，有机肥厂、沼气发电、生物技术等环保产业建设远没有跟上养殖业的发展。

农村的生活污染尚未得到完全整治。生活垃圾会产生多种有毒物质，这些有毒物质破坏土壤结构，导致土地无法耕种；污染水体，严重破坏水资源。在某些农村地区，许多居民在住宅附近焚烧垃圾，产生了大量的浓烟，对城乡空气造成严重污染。没有完善的垃圾处理体系，大量的生活废弃物随意丢弃，生活垃圾资源化处理率很低，填埋场也没有很好地利用压实技术，使得一些生活垃圾填埋场未到设计使用年限就已填满，导致未能处理的生活垃圾占用了大量的土地资源，人与生活垃圾争地现象愈演愈烈。

为提高农村环境卫生水平，打破城乡环卫二元化格局，潍坊市自 2010 年起积极探索推行城乡环卫一体化，有效提升环卫作业标准和管理质量，但仍然存在一些问题。

第一，管理理念尚未完全转变。当前潍坊市城乡环卫一体化工作已逐步进入长效化管理阶段，但个别地方仍存在着对环卫一体化工作重要性认识不足的问题，环卫管理理念、标准、成效要求等仍停留在没有大片垃圾、有垃圾桶、有保洁员等最基本的工作要求上。

第二，资金持续投入不足，不能保证垃圾有效处理。一是县、市、区城乡环卫一体化资金投入不足，潍坊市 8 个区中仅有滨海区、保税区 2 个区由区级财政全部承担；8 个县、市中有 5 个由县、市和镇两级财政承担。二是设施设备更新慢。各县、市、区转运站建设及设备车辆购置投入等主要集中在 2014 年，近几年在车辆购置和垃圾桶配备方面资金投入减少，转运站、转运车辆使用率、完好率降低，甚至出现设备车辆带病运行、超负荷运行的情况，影响垃圾日产日清和有效处置。三是保洁人员工资偏低。目前，全市大部分县、市、区农村保洁人员工资水平较低，除个别区外，月工资大多在 500～700 元，而且近 5 年增长较慢。由于工资低，青壮年劳力不愿干，农村保洁人员部分存在老弱病残的情况，平均年龄为65～70岁，同时人员流动性较大，作业质量、作业标准难以保障。

第三，市场化运行不规范，运行管理参差不齐。一是政府部门招标过程中，在标准制定、价格评估、监管考核、准入标准、退出机制等方面不够合理完善，造成部分企业低价中标、不规范运行等情况，影响后期运行管理水平的提升。二是资金拨付机制不健全。目前潍坊市实行市场化运营模式的县、市、区大部分保洁费用都由镇街财政进行拨付，在实际管理过程中，因各种原因可能出现保洁费用不按期拨付、不按合同管理等“失信”情况，导致企业运行管理质量下降。

第四，管理质量提升难度大。一是农村保洁作业管理质量的提高，较大程度依赖于村内基础设施建设，而村庄内道路硬化率较低，部分村内只有一两条硬化道路，其余未硬化道路保洁基本以捡拾为主，雨雪天气带泥上路问题突出，保洁质量难以提升。二是农村发展不平衡、不充分，制约着乡村的环境整治。各县、市、区以及各镇村之间发展不平衡，管理两极分化现象明显。一些示范镇街的美丽乡村工作持续走在前列，但大部分基础条件较差的地区在设施配备、人员配置以及资金投入等方面还面临诸多困难。三是监管考核不到位。农村保洁工作反复性较强，日常管理工作量大，潍坊市的8个县、市村庄数量平均在800个以上，单纯以县、市环卫部门科室人员形成的监管能力不足，难以实现对所有辖区村庄的全面有效监管，尤其是保洁人员在岗作业时间、作业质量、动态保洁、整改落实督查等方面还存在着管理盲区。

第五，配套保障体系不健全，部门协同配合不足。随着全市城乡环卫一体化工作的不断深入，农村环境卫生工作执法保障缺失、宣传引导不足等问题日益显现。在减少和杜绝乱扔乱放、私倒乱运等不文明行为，引导村民养成良好卫生习惯等方面，相关部门“各管一摊”，社会各界和各部门的合力有待进一步加强。

第六，垃圾分类处置和新技术发展方面滞后。部分县、市、区垃圾末端处理设施建设滞后，前瞻性不足，造成城乡建筑垃圾、大件垃圾、农业秸秆等不同程度地存在“无处去”的状况，私拉乱倒问题比较突出。同时，在前段收集过程中，缺乏就地分类减量化和资源化利用等技术手段与措施，农村砖瓦土石、炉灰树叶等非生活垃圾进入生活垃圾处置体系，造成末端处置压力和处置费用增加。另外，农村保洁管理的机械化、科技化、信息化水平相对较低，新的环卫技术、设备很难在短期内得到应用和推广，作业效率和质量难以提高。

一些农村工业造成了污染。农村工业增长是一种粗放的经济增长模式，具有高能耗、高污染的特点，单位产值的资源消耗水平和污染水平高于城市工业，农村工业结构的不合理加剧了整体污染程度。在工业结构演进过程中，存量污染产业和新增污染工业大都在广大农村地区“安家落户”，加大了农村生态环境的压力。

农业是我国国民经济的基础，国民经济的持续增长以及美丽乡村的建设必须建立在农业持续发展的基础之上。民以食为天，粮以土为本，土以质为先。清洁的土壤是农产品质量安全的根本保证，只有净土才能出洁食，只有清洁的土壤才能保证人民群众吃上放心的食物。而农村各类垃圾的污染侵蚀了农业耕作的基本生产资料——农田，降低了土壤肥力，造成农产品质量下降，制约了农业和农村经济的可持续发展。

二、农村居民生态意识薄弱

生活习惯的改变是一个长期的过程。由于大多数农民生态意识普遍薄弱，对环境污染带来的危害和后患没有充分的认识，对环境问题关心不够，养成了一些不良的生产、生活习惯。

三、乡村生态治理滞后

与城市相比，我国农村的生态环境治理无论是政府投入还是治理效果方面都存在较大差距，主要表现为农村生态环境管理制度设计和政策工具供给严重滞后于城市，污染防治投资绝大部分投放在城市，农村环保设施较少且利用率不高，这也在一定程度上加大了农村生态环境问题解决的难度。目前，农村生态环境政策也存在一定的局限性。农业面源污染是最主要的农村生态环境问题，具有不同于城市污染、工业污染的特点，而我国的环境管理体系主要针对城市污染和工业污染防治而建立，主要是重末端治理、轻源头防治的污染控制模式，不适应农村生态环境的特点，无法在农村生态环境管理和保护中发挥作用。

第三节　以全方位的人居环境整治实现乡村生态宜居

一、城乡统筹整治乡村人居环境

农村生态振兴不能孤立进行，应该城乡联动、相互支撑、整体推进。统筹城乡规划，制定县级、乡镇级、村级发展规划，对乡村进行改水、改厕、改路、改房、改线以及美化环境等工作，在城乡联动中推进农村生态振兴，以农村人居环境改善为着力点，最终实现乡村人居环境改善。在城乡发展规划方面，积极做好顶层设计，全面推进村庄规划工作和美丽宜居村庄建设工作。为保障城乡规划有效实施，要加强规划实施评估工作，并进行层级监管。在生态环境保护方面，实行城乡污水共治、城乡垃圾共治、城乡土壤污染共治。在城乡联动、整体推进下，推动乡村生态振兴。

（一）对乡村生活垃圾进行城乡一体化治理

以山东省为例。潍坊市统筹城乡资源，积极探索城乡环卫一体化，实现人居环境的一体化治理。该项工作涉及 17 个县、市、区，135 个乡镇（街道）、8 553 个村居，是一项全局性、复杂性工程，形成了“管理标准化、运作市场化、队伍专业化、机制常态化、发展产业化、统筹一体化”的“六化”运行机制。

管理标准化。潍坊市高标准编制了《城乡环卫一体化工作规划》，制定了《城乡环卫一体化服务规范》《镇村保洁标准》等一系列行业标准，填补了国家行业标准空白。2017 年，潍坊市印发

《潍坊市城市管理工作标准化评价办法》，建立“一表三库”，即现场考核评价表和专家库、镇村信息库、检查成果资料库。标准化考评工作严格按照“四不两直”（不发通知、不打招呼、不听汇报、不用陪同接待，直奔基层、直插现场）和“双随机”（随机抽取检查专家人员、随机抽取被检查对象）要求和原则执行，标准化管理评价体系逐步建立和完善。图 4－1 为潍坊市域污水处理模式。

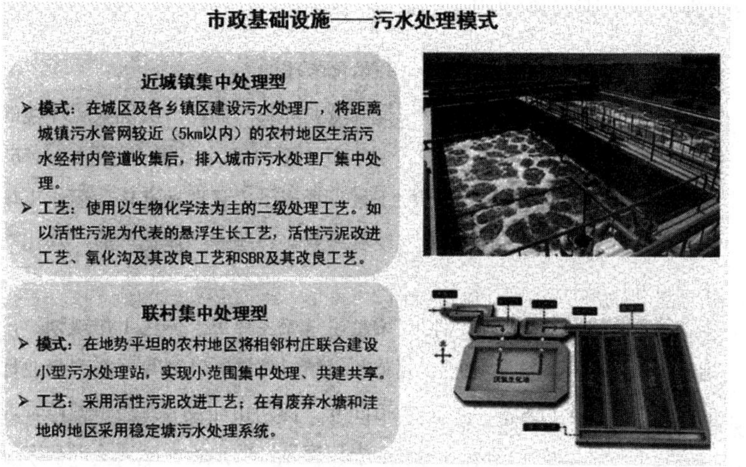

图 4－1　污水处理模式

运作市场化。坚持政府主导，将市场机制引入环卫保洁和垃圾运输、处理等作业环节，让专业保洁公司从事农村环卫作业，政府则把主要精力用在标准制定、规范管理、监督考核上，实现了“由干到管”、由财政拿钱养人到购买服务的转变。比如垃圾清运环节，与中联重科、福田公司等优势企业合作，采取融资租赁、直接购买运输服务等办法，较好地解决了环卫车辆和设施不足的问题；垃圾处理环节，鼓励社会资本通过特许经营、PPP 等方式参与垃圾处理项目的建设运营，成功引进光大国际等公司，采取 BOT 模式建设了以生活垃圾焚烧发电项目为主体的环保静脉产业园等。

队伍专业化。镇村保洁及管理人员由原来的村民兼职为主，逐步转变为环卫部门或企业统一配备、培训和管理，做到了环卫作业规范化、队伍专业化。

机制常态化。资金保障方面，探索建立了统筹城乡的生活垃圾处理收费制度，特别是不断强化政府主导和投入责任，把城乡环卫专项资金列入财政预算，合理确定县、镇、村、村民出资比例。目前7个县、市、区由县镇财政承担全部费用，村和村民不用出一分钱。监督考核方面，潍坊市城乡环卫一体化领导小组办公室每月、每季度进行标准化考核评价，并将成绩纳入全市经济社会发展综合考核体系。

发展产业化。推动环卫工作由“输血型”行业向“造血型”产业转变，涌现出了昌邑康洁、金丝达、寿光环卫集团等知名企业，全市环卫保洁、垃圾处理和废弃物利用等相关产业得到蓬勃发展。如昌邑市康洁环卫工程有限公司抢抓“一带一路”国家战略重大机遇，主动走出国门，与巴基斯坦卡拉奇市达成了道路环卫托管意向并签约，成为全国第一家走出国门的环卫企业。

统筹一体化（图4-2）。在工作部署、人员组织、财力安排方面统筹协调，形成了各职能部门“统起来抓、分开来做”和以城带乡、城乡一体、统筹发展的工作格局（图4-3）。

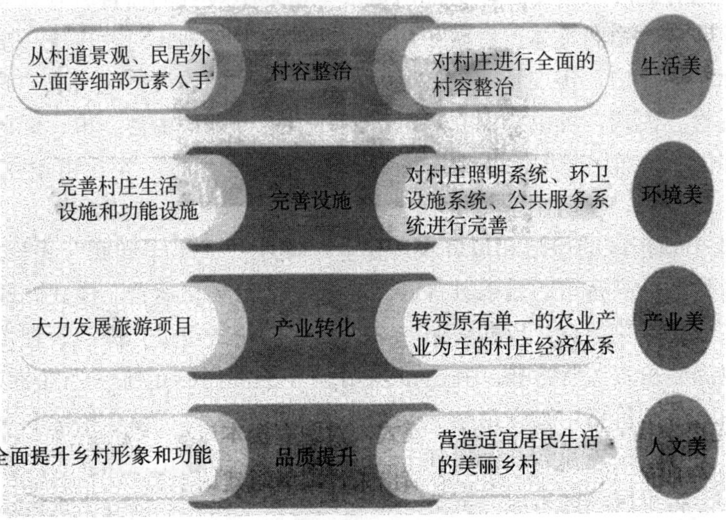

图4-2　统筹一体建设美丽乡村

图 4-3 城乡环卫一体化突出绿色理念

在实现城乡环卫一体化的过程中，各地探索了不同的一体化模式。以昌邑市、寿光市为代表的“环卫集团”模式，对国有资本进行市场化运作，将环卫工作职能从政府环卫部门剥离出来，政府组建国有制环卫集团，环卫部门负责全市环卫业务的监督、管理和考核，环卫集团具体负责城乡环卫作业的运行管理，对村庄统一实行标准化保洁，实现管干分离。安丘市、寒亭区等市、区采取“政府直管”模式，各镇村设立环卫所或环卫工作站，由县、市、区环卫部门直接统一管理，财政核补资金，企业化运行。安丘市设立 16 个环卫所，各所组建专业保洁员队伍、垃圾收运队伍，负责全市 14 个镇街区的保洁和垃圾收运作业，实现“一竿子到底”式管理。青州市、高密市、昌乐县等县、市采取“市场化运营”模式，政府采取市场化招标，以购买服务方式委托企业公司进行保洁管理，环卫部门负责监管考核。高密市由市级环卫部门制定统一作业标准，确定合理价格，公开招标 2 家专业清运公司，每个镇街招标 2 家以上保洁公司，建立起镇村环卫保洁市场化、专业化运作体系。潍城区、坊子区等区采取“直管＋市场化运营”模式，部分街道区域或作业环节由环卫部门直接管理，其余部分实行市场化运作的混合式管理模式。

从实际运行效果看，各县、市、区城乡环卫一体化工作受机构体制、历史沿革、经济社会发展等多种因素影响，所采取的运行管理模式差异较大，目前形成了“统一监管考核、统一管理标准、多种管理模式并存”的工作格局。在今后的实践中，这些模式会不断得到创新完善。一是创新市场化运营模式。深入推进市场化运营模式，探索主客市场兼营的管理方式，采取自有公司和外地公司共同运营的方式，既不受制于人，又可以相互促进形成合理竞争，促进城乡公益事业一体化均衡发展。进一步规范保洁市场行为，营造良好的市场生态，建立“县、市、区级财政统一购买服务，县、镇、村三级监管，费用统筹直接拨付”机制，强化各级管理职能，实现城乡环卫运行管理体系的有效运转。二是创新对外发包管理。政府作为发包方应主动出击、多方考察，邀请实力强、责任心强的企业参与投标；除设立最高控制价外，还应设立最低控制价，将中标价控制在合理区间，以确保中标单位干得着、干得好，发包单位能考核、好管理。三是创新企业退出机制。政府与企业签订的合同条款特别是退出的具体情形应最大限度地予以详细明确，严格双方责任和权利。同时，无论与哪一家企业签订合同，都要制订好企业非正常退出时的临时接管预案。经第三方评估，企业出现重大问题拒不整改或整改敷衍应付的，应坚决终止合同。

在实行城乡环卫一体化的同时，还应进一步实现“垃圾革命”，即对垃圾进行分类和资源化利用。潍坊市紧跟发展趋势，研究启动农村生活垃圾分类处理工作，将其作为打造乡村振兴“潍坊样板”的重要内容，与乡村振兴战略一体布局、一体实施，努力打造新阶段下城乡环卫一体化的新亮点、新品牌（图 4－4），在全省率先闯出新路子。具体操作方面，首先在经济基础较好的县、市、区进行试点，试点成功后逐步推广，在此基础上深化垃圾资源化利用。2017 年全市处理生活垃圾 230.87 万吨。其中，卫生填埋处理 79.09 万吨，占 34.3%；焚烧发电处理 151.78 万吨，占 65.7%。今后，还要进一步压减卫生填埋比例，增加焚烧发电及其他资源化利用方式比例。特别需要关注的是，当前潍坊市还没有开展环境卫生方面的有关立法，无法使环卫工作的管理上升到法律法规层面。应加快立法步伐，根据立法权限，将美丽乡村、农村生活垃圾管理等纳入立法计划，制定地方性法规；或在原有城市市容环境卫生的政府规章、规范性文件基础上，增加农村生活垃圾和环境卫生管理的相关内容，明确垃圾产生者责任，规范设施运行管理行为，落实政府和部门的监管职责，为消除生活垃圾污染提供法律依据。

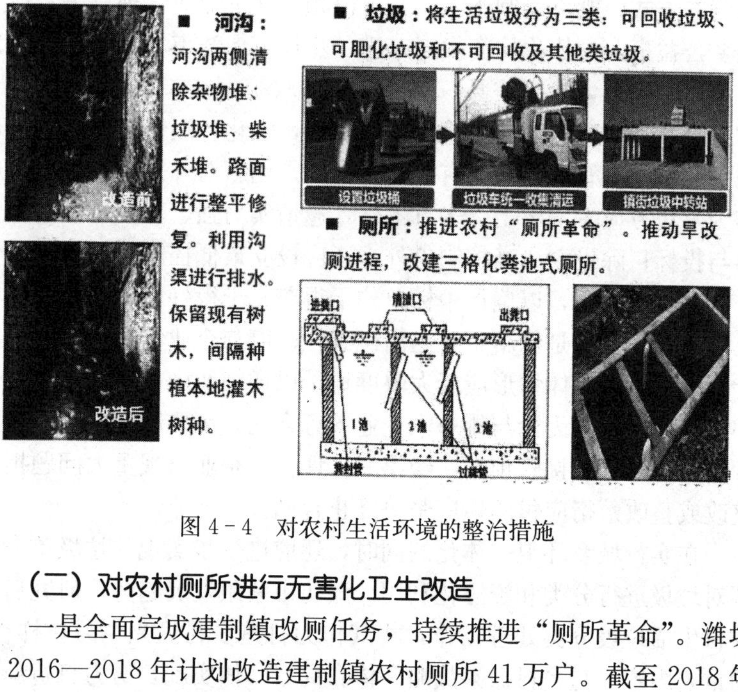

图 4-4　对农村生活环境的整治措施

（二）对农村厕所进行无害化卫生改造

一是全面完成建制镇改厕任务，持续推进“厕所革命”。潍坊市 2016—2018 年计划改造建制镇农村厕所 41 万户。截至 2018 年 4 月底，三年改造任务全面收官，共完成投资 3.8 亿元；其中，市级财政投入 1.23 亿元，160 余万农村居民用上洁净厕所。

二是大力推广改厕与生活污水处理一体化建设。在完成省定任务的基础上，全面提升改厕质量标准。截至 2018 年底，全市 40 个村庄、6 301 户进行了一体化改造，改造试点项目荣获“山东省人居环境范例奖”。

三是加强改厕后续管护，开展新一轮“厕所革命”，启动实施约 17 万户涉农街道无害化卫生厕所改造工作（表 4－1）。

表 4－1　农厕建设指引

项　目	一类公厕	二类公厕	三类公厕
适用范围	对外开放旅游景点、繁华街道	商业文化街主要街道、新建住宅区	一般街道及住宅区
大便器	蹲、坐式	蹲、坐式及通槽式	通槽式、个别坐式
小便器	单独式	通槽式	通槽式
大便器位隔板	木板、人造大理石	水磨石	水磨石
室外墙面	面砖	面砖	水泥砂浆
室内大墙裙	瓷砖	瓷砖	水磨石
室内地面	马赛克	马赛克	水磨石或马赛克
休息室	可设	可设	无
镜子	有	有	有
吊扇	有	可设	无
排气扇	有	可设	无
门	铝合金或木门	木门或钢门	木门或水泥门

（三）提升村容村貌

一是建设“四好农村路”。潍坊市交通局制定了《“四好农村路”建设实施方案》，开展农村公路“三年集中攻坚”专项行动，实施路网提档升级、自然村庄通达、路面状况改善、运输网点布设“四大工程”。2018 年，全市共完成新建改建农村公路 1 509.5 千米，投资 23.4 亿元，圆满完成年度目标任务。

二是进行乡村绿化。组织开展“绿满城乡·美丽潍坊”国土绿化行动，推进南部山区生态保护开发，积极引导各地开展省级森林城市和省、市的森林镇街、森林村居创建活动（图 4－5）。全市 2018 年新造林 14.7 万亩，完成年度计划的 105%；成功创建市级森林镇街 10 个、森林村（社区）50 个。

院墙整治意向图

庭院植物种植

具观赏性与经济价值的果木、蔬菜，配置花架、花池等景观小品。

环境整治意向图

门前绿化空间

保留传统农村院落门前的菜园，传承自给自足的田园生活方式，形成具有乡土景观特色的街巷空间。

花池整治意向图

庭院铺装

避免整体庭院地面硬化，做到绿化、菜园与步行路结合，有利于庭院雨水渗透。使海绵城市理念应用到庭院的建设整治中

图 4－5　村庄院落绿化整治方案

三是创建卫生村镇。潍坊市卫健委制定了《关于进一步推进基层卫生创建工作的意见》，确保基层卫生创建工作有效落实。2018 年，全市共有 6 个镇街创建国家卫生乡镇、20 个镇街创建省级卫生乡镇、626 个村创建省级卫生村。

四是提升农村特色风貌（图 4－6）。加大特色镇村创建保护力度，挖掘本土风貌特色（图 4－7、图 4－8）。截至 2018 年底，创建各类特色镇村 183 个，争取上级奖补资金 1.3 亿元。按照全省美丽村居建设“四一三”行动要求，组织开展首批省级美丽村居试点评选申报，“寿光孙家集街道三元朱村、临朐九山镇夏庄村”等 4 个村庄及“青州王坟镇侯王村、安丘凌河镇石家庄村”等 6 个灾后重建村庄成功入选。全省 56 个名额，潍坊市占得 10 席，入选数量及奖补金额均居全省第一。

图 4－6　风貌规划突出区域特点

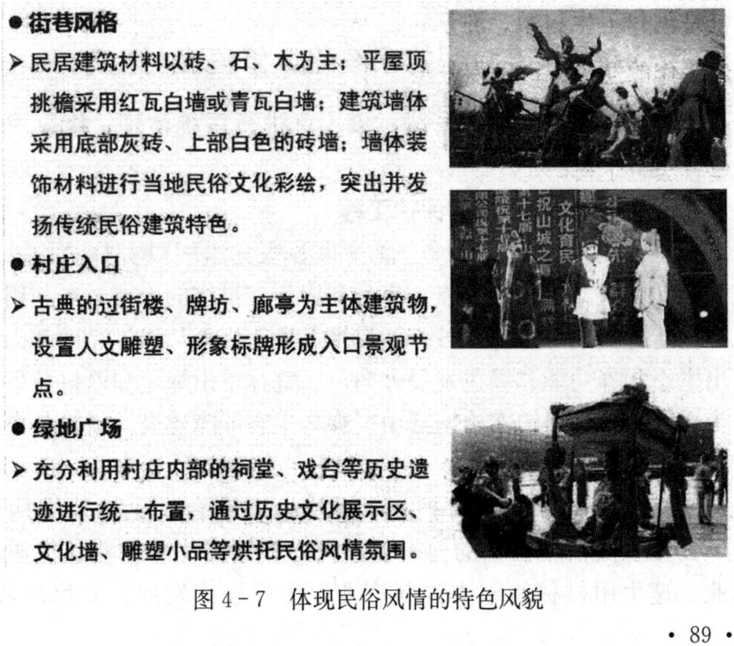

图 4－7　体现民俗风情的特色风貌

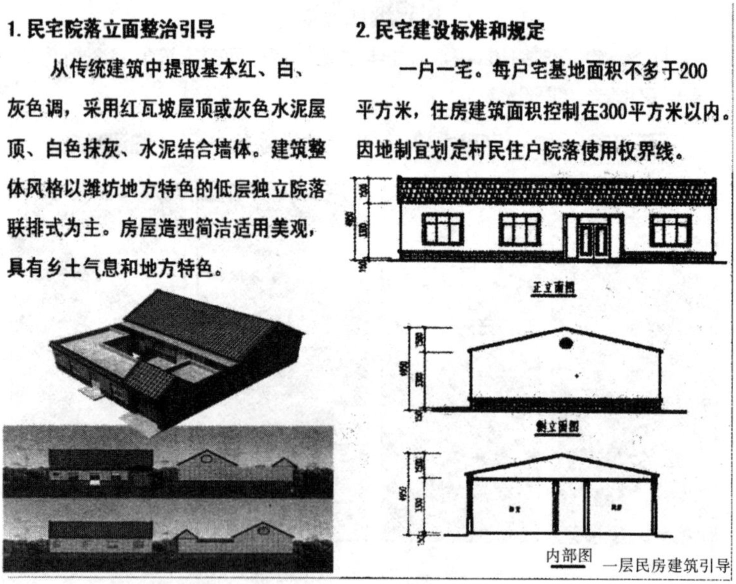

图 4－8　对农房建设进行特色引导

二、加强环境治理的系统化，修复乡村生态

对乡村的山、水、林、田、湖、草进行系统治理，修复农村生态。

（一）森林生态修复与保护工程

一是绿化宜林荒山荒滩。潍坊市各级党组织以宜林荒山、荒坡、荒地、荒滩绿化为重点，充分利用不宜耕作的土地、未利用土地植树造林，增加森林植被，加快推进生态修复与保护。南部山区突出生态涵养功能和绿色发展方向，以宜林荒山绿化和退耕还果还林为重点，加快组织实施南部山区森林生态屏障建设，新建各类生态防护林 6.8 万亩。

二是建设高效农田防护林。平原地区结合农业种植结构调整，在不改变耕地性质的前提下，大力发展名优林果业、优质苗木业、速生用材林和木本油料产业，实现经济发展、农民增收、生态环境改善的多赢局面，发展榛子、文冠果等特色经济林基地近 2 万亩。

三是建设沿海防护林。北部沿海地区，以滨海海洋经济新区建设为中心，以沿海基干林带建设为依托，结合改良盐碱地造林，重点加快 3 条沿海防护林带建设，推动沿河、沿路、沿海以及重点片区、产业园区绿化，营建沿海防护林 2.6 万亩。

（二）加强水环境治理

一是扩大村镇生活污水处理设施建设覆盖面，治理农村生活污水。目前，全潍坊市 62 个建制镇共建设污水处理设施 64 个、建设农村新型社区污水处理设施 280 个，基本实现了镇驻地及新型社区生活污水处理设施全覆盖。2018 年新村及扩建村镇污水处理设施 31 处，已全部完工，并完成省环保督查核验。

二是加强农村水环境保护。按照全市水生态环境综合整治方案要求，全面推行河长制、湖长制。排查整治农村河道非法排污口、非法渔业养殖及河道垃圾、黑臭水体等问题，采取清淤疏浚、建设人工湿地等工程措施，恢复河道自净能力，改善农村河流环境质量。截至 2018 年底，33 个市控及以上重点河流断面中，28 个断面水质达到或优于Ⅴ类；市控以上重点河流主要污染物 COD、氨氮平均浓度为 29.3 mg/L、1.59 mg/L，COD 同比改善 1.67%。潍坊市政府还印发了《2018 年潍坊市河（湖）长制年度工作方案》《潍坊市全面实行湖长制实施方案》，实施“河畅”“水清”“岸绿”三项专项行动，已完成年度投资计划 17 亿元。加快推进重点水利工程建设进度。白浪河水库水源地保护工程已全部完成建设任务，完成投资 6 293 万元。实施潍河、弥河等 9 处河道综合整治工程。截至 2018 年底，潍河初步设计已批复；弥河治理工程可行性研究报告已编制完成，根据山东省灾后重建决策部署，结合弥河全流域治理一并实施，已完成初步设计批复；青州市大石河西股至涝洼段治理工程初步设计已批复，青州临朐交界两段大石河治理工程初步设计已编制完成；寒亭虞河、昌乐白浪河、青州大石河王家场至马庄段、诸城扶淇河已开工建设，完成投资

8 459 万元。

三是推进农业节水灌溉工程建设。组织实施 7 个小型农田水利重点项目，完成投资 1.7 亿元，发展节水灌溉面积 16 万亩。完成峡山、青州仁河、临朐大关水库灌区续建配套与节水改造工程，完成年度投资 8 000 万元。按照潍坊市委、市政府两办《关于加快发展节水农业和水肥一体化的实施意见》要求，推进市、县两级规模化节水灌溉示范区建设，共建设高效节水灌溉示范区 23 处，完成投资 2 700 万元，发展高效节水灌溉面积 1.3 万亩。

四是实施农村饮水安全巩固提升工程。潍坊市提出，以全面解决农村饮水安全问题为目标，计划到 2020 年底，全市规模化水厂覆盖人口比例达到 96%以上，农村自来水普及率达 98%，供水保证率达 98%；全市农村供水水质达标率达 96%，用户满意率达 98%。健全完善规模化集中供水工程水价机制和良性运行管护机制，探索建立小型单村联村集中供水工程长效运行管护机制，实现建得好、管得好、长受益。解决基层人才短缺和知识老化等问题，补齐四个短板：提升水处理工艺，解决水质不达标问题；进行水源置换，解决地下水硝酸盐氮指标超标问题；提升改造管网，解决管网老化漏损和承压能力不足问题；更新改造小型单村联村工程消毒设备，解决微生物超标问题。

2018 年度农村饮水安全巩固提升工程，完成了昌乐县、安丘市两个县、市级项目建设，完成投资 5 500 万元；重点抓好村级工程巩固提升市级财政补助资金项目，已实施 8 个县、市或区的 132 个村庄村级工程巩固提升，完成投资 2 678.36 万元。全年投资 2 677 万元，分四批对 8 个县、市、区的 146 个村内管网进行巩固提升，超额完成了《2018 年潍坊市实施乡村振兴战略工作计划》确定的对 100 个村实施村级工程巩固提升任务。

五是加强防洪薄弱环节建设。全面增强潍坊市水利设施防灾减灾能力，进一步提高农业综合生产能力和水资源保障能力，推动乡村振兴战略的实施，补短板，强弱项，加快完善水利基础设施网络和水治理制度体系。重点实施 6 大类、396 项水利设施灾后重建工程，包括18座大中型水库水毁及除险加固工程、13项拦河闸坝水毁修复工程、336座小型水库除险加固工程、26项河道水毁修复工程以及农田排涝工程，总投资22.12亿元，2019年汛期前完成主体工程建设。

六是实施水土流失综合治理工程。实施了国家水土保持重点工程安丘市金鸡山小流域、临朐县白塔小流域、金葫芦小流域和省财政补助水土保持工程诸城市康家岭小流域、昌乐县孟家峪小流域等5个项目，治理水土流失面积48.88平方千米，完成投资2 467万元。

（三）加强土壤治理

各县、市、区按照《潍坊市土壤污染防治工作方案》，深入实施土壤污染防治行动计划，加强土壤保护和重金属等污染防治，推进农村土壤污染综合治理与修复。

建立土壤环境质量监测网络和信息化管理平台。构建土壤预警和应急监测体系，对涉及危险废物的企业进行排查，消除环境安全隐患，重点防范和打击非法转移、倾倒和处置固体废物等环境违法行为。严格贯彻实施《潍坊市禁用限用剧毒高毒农药条例》，建立健全农药监管追溯平台，进一步提升农药信息化监管水平，实现农药生产经营全程监管。将原有的“潍坊市农资监管查询平台”升级改造为“潍坊市农药监管追溯平台”，目前已进行全面部署和应用，并与市政务服务平台对接，实现了许可数据共享。平台升级改造后，能够对农药生产经营使用单位、限用剧毒高毒农药定点储备经营企业、农药产品数量流向等进行实时监控，实现潍坊市辖区内的农药产品动态管理，可全程追踪。强化监管措施，严厉打击生产、经营、使用禁限用剧毒高毒农药等违法行为，加强监管，严把市场准入关口。

加强对农药生产经营主体及其产品的资质审查。严格证照许可及产品登记，强化日常监督检查，协作联动，扎实开展专项治理行动。在春耕、三夏和秋冬种等重点农时，集中力量开展专项整治，进一步完善以大宗农药产品例行检查为主，季节性产品专项检查、风险产品随机抽查为补充的农药产品质量监督检查制度。

推动测土配方施肥普及深化。加大大田作物测土配方施肥的技术宣传和技术推广力度，加快蔬菜、果树等园艺作物测土配方施肥推广进程。引导肥料生产企业与新型经营主体对接，按照“按方配肥”“出方配肥”“配肥代施”等模式推进配方肥进村入户到田。发展配方肥定向直供，发挥新型经营主体和大户的示范引领作用。因地制宜推进化肥机械深施等技术，全面推广春播、秋种基肥撒施机耕深翻模式及小麦、玉米种肥同播（化肥深施）技术。构建电视、互联网、手机、电话等多种形式的信息发布和咨询平台，实现技术指导服务全方位覆盖，力争年推广测土配方施肥技术面积达到1 400万亩以上。

大力推进水肥一体化建设。潍坊市下发《关于进一步做好水肥一体化技术推广工作的通知》，明确责任，分解任务，继续在附加值较高、用肥量较大的设施蔬菜、果树等经济作物上广泛开展试验示范，尽快形成不同区域不同果树、蔬菜的水肥一体化技术模式。重点建设寿光设施蔬菜、诸城果树水肥一体化示范区，充分发挥示范带动作用；举办各种模式的技术培训班，提高水肥一体化技术应用水平；积极争取各级财政支持，对新型经营主体实施水肥一体化给予鼓励；利用新媒体加大水肥一体化的宣传和推广力度，力争每年新增水肥一体化面积 15 万亩以上。

第四节　加强宣传教育，以机制创新促进乡村生态振兴

一、加强宣传教育，强化生态意识

由于农民生态环保意识还比较薄弱，他们的许多思维、许多行为很可能与生态环保理念不够契合。农民综合素质的提升有利于保护和改善农村生态环境。

一是大力加强农民在日常生活中对于生态文化的认同。农村的生态文化建设需要提升农民对生态的认知，让农民产生保护生态环

境的意识，对环境有正确认识；让农民主动开展节约资源和环境保护工作。组织农民在植树节进行植树，让农民形成生态保护观念，帮助农民了解大自然中各类资源如土地资源、水资源、森林资源等对于人类的重要性；让农民正确理解生态平衡，及时解决面临的生态危机；让农民能够敬畏自然、尊重自然，对破坏自然的行为予以谴责并制止，培养热爱自然的高尚情操，促使农民建立他们和生存环境之间的新型和谐关系。

二是大力培育生态意识。采用农民通俗易懂、喜闻乐见的形式，如科教片、宣传图板等，或者结合文艺宣传、科技下乡等内容，开展环保知识下乡活动，编写与当地环境相适应的环境和生态乡土教材，供农村中小学使用，营造农村生态文明建设的舆论氛围。利用报刊、电视广播、村文化室、宣传栏等各种媒体，广泛宣传有关生态文明建设的科普知识，将生态文明的理念渗透到农民生产生活的各个层面，引导农民树立“绿水青山就是金山银山”的观念（图4-9）。

图4-9 提升村民生态文明意识

三是对村民进行专门培训。比如，使村民了解并贯彻《潍坊市禁用限用剧毒高毒农药条例》，以良好的学法、守法、用法的舆论氛围提高全社会对农药监管工作的关注度和参与度。又如，向农民普及科学知识，充分利用媒体、现场会、培训班等形式宣传绿色防控，让全社会充分了解绿色防控的作用，让农民增强绿色防控的信心，营造良好的工作氛围。结合相关培训项目，进行高素质农民培训、农民田间学校培训等多种形式的培训，培养一批掌握绿色防控技术的带头人。

四是进一步提高农民的知识水平。引导农民更好地掌握先进技术，利用环保资源进行农业生产。比如，充分利用秸秆、沼气、太阳能、风能等可再生资源，利用喷灌、微灌、收集天然降雨等技术节约水资源。

为使乡村生态文化和谐发展，在推进家庭个体发展的同时，要让农业生产转向产业化、现代化，实行大规模作业，提升农作物产量。针对不同地区不同乡村的风土人情，选择适合自己的经营方式，帮助农民在保护生态环境的基础上提升生活水平，在建设美丽新农村的同时，继承和发扬传统生态文化。

二、以产业结构的转型升级实现乡村发展的可持续

（一）发展农业循环经济，实现农业的生态循环

要创造优质生态农产品的良好生产环境。必须把过去以产业链发展为纽带的农业产业布局思路调整到以环境资源要素为纽带的产业布局思路上来，做好上、下游产业衔接配套，打通农业生产内部资源循环链。要突出“防”和“用”两个重点。

“防”的重点在于加强对农业投入品的管控，充分应用农业清洁生产技术、绿色防控技术等综合农耕措施，从源头上控制农业投入品对环境的影响。如诸城市严格执行环境影响评价和“三同时”制度，把好环保准入关，拒批不符合产业项目，环评执行率达到100%，从源头上杜绝了新污染源的产生；对企业组织开展强制性清洁生产审核，严格落实总量减排目标责任；加快发展生态产业，全面推进节能降耗。

“用”的重点在于推广农业废弃物资源化利用技术，对于可降解的农业废弃物就地转化为有机肥还田，作为培育和改善土壤的有

机质原料，实现资源循环利用。

潍坊市各级组织积极引领村民发展农业循环经济，实现对资源的循环利用。

一是以农业废弃物资源化利用为目标，大力发展各类沼气工程。按照点、线、面结合的思路，积极构建不同层次的农业生态循环体系。依托各类沼气工程，推广“畜—沼—菜”“畜—沼—果”等循环生产模式，促进农村生活污水、畜禽粪便、农作物秸秆等农业废弃物转化为绿色能源和优质肥源，建设全产业链封闭式生态循环农业园区。2017 年，建设完成了高密市、寒亭区 2 处大型沼气工程，并新立项一处特大型沼气工程项目、三处大型沼气工程项目，共争取中央预算内投资 3 900 万元，总投资 1 亿元以上。2018 年，争取了坊子区玉泉洼 4 000 立方米大型沼气工程项目。潍坊市累计建设农村户用沼气池 21.9 万户，大中小型沼气工程 292 处，年处理废弃物 70 万吨，年生产有机肥 40 万吨；建成规模以上生态循环农业基地 860 处，规模以上基地面积达 77 万亩，全市生态循环农业总面积达到 140 万亩。

二是推进作物秸秆综合利用。坚持以用促禁，推广秸秆燃料化、基料化，重点推广秸秆机械化粉碎还田和饲料化。构建秸秆收储运体系，通过农作物秸秆综合利用试点示范建设，提高秸秆综合利用率。在玉米、小麦主产区，建设秸秆还田示范工程，重点推广秸秆直接还田技术、秸秆腐熟还田技术、秸秆生物反应堆技术、秸秆堆肥还田技术等；在果蔬主产区，推广生物菌剂秸秆田间堆沤腐熟、秸秆发酵槽堆肥等技术模式；在奶牛、肉牛、肉羊集中养殖区，重点推进秸秆饲料化利用，建设秸秆饲料化利用示范工程，推广秸秆饲料订单生产方式，巩固对秸秆青（黄）贮、秸秆碱化/氨化技术的使用，积极推广带穗青贮、添加剂青贮和秸秆压块打捆（包括颗粒饲料）等技术；在食用菌主产区，建设秸秆基料化利用示范工程，重点推广秸秆栽培草腐菌类技术、秸秆栽培木腐菌类等技术；在农村社区，推广高效清洁燃烧及其他秸秆能源化利用技术。

（二）调整优化产业结构，发展现代农业

要实现乡村生态振兴，必须发展现代农业，以环境容量优化区域布局，调整优化产业结构。

一是积极发展高效生态农业。加大现代农业投入，加快传统农业转型和农产品升级换代，以规模化的有机农业引领农业走向高端，促进农产品加工转化增值，发展高产、优质、高效、生态、安全农业。

二是发展生态畜牧业，减少畜牧养殖的污染。优化区域布局，严格执行有关法律法规，做到畜牧养殖量与环境承载量相匹配，畜禽粪污产生量与种植业对粪肥的消纳量相配套。依法划定禁养区、限养区和生态养殖区，将禁养区内的养殖场区逐步关闭或迁出，在限养区控制养殖规模，在生态养殖区按照"五统一"（统一规划、统一布局、统一标准、统一管理、统一治污）要求，推行畜牧园区化建设新模式，搞好标准化养殖园区规划建设，逐步取消千家万户的散养方式，切实做好污染治理工作。推行规范生产，以规范场区布局、养殖场舍改造、信息化装备、生物技术推广、防疫和畜禽粪污处理设施配备为主要内容，对现有畜禽养殖场区进行规模化、标准化改造。加强畜禽粪便等污染物处理设施配套建设，应用新的治污技术新建、改造畜禽养殖场区，推行"三分离"（雨污分离、干湿分离、净道与污道分离）"两配套"（配套沼气池、配套无害化处理设施）"一结合"（种养结合）新模式，做到无害化处理设施与畜禽养殖设施同时设计、同步建设、同时投产，实现畜牧生产与粪污处理协调推进。加强生产过程全程控制，加强对粪便等污染物无害化处理的日常监管和专项整治，严肃查处违法行为，最大限度地减少畜禽养殖对环境可能造成的污染。

（三）以机制创新促进乡村生态振兴

一是建立生态维护补贴扶持体制。治理农村环境要运用符合市场规律的集资方式，建立农村环境保护的多种投资来源和渠道。农村环境治理需要资金，农村特别是不发达农村公共资源不足，造血

功能有限，要在短期内投入大量治理资金很不现实，大规模治理只能依靠国家投入。根据省、市关于建立健全城乡环卫一体化长效机制的意见要求，各地应探索建立财政资金投入正常增长机制，将城乡环卫一体化运行经费列入县、市、区级和镇级财政预算，并按适当比例逐年增加。通过增加政府投入，逐步提高农村环卫工人待遇，缩小与城市环卫工人工资差距；需要村居和个人承担的费用，细化运行成本测算，合理划分承担比例。市级应进一步完善专项资金奖补机制，大幅提高奖补数额，对工作突出的县、市、区和街道分类奖励。在坚持城乡公平的前提下充分发挥公共财政的作用，为农村环境治理提供相应的国家财力支持；在当地政府指导下，吸引和调动各方面投资。各地应根据乡村振兴的要求，增加相应投入；同时，设立生态维护奖励扶持补贴资金，对保护生态环境做出重大贡献的村镇和个人给予物质奖励和精神鼓励，以调动广大农民群众维护生态环境的积极性，努力使乡村向着环境与经济协调发展、人与自然和谐相处的方向发展。

二是建立排污权交易机制。2015 年寿光市试点开展排污权有偿使用和交易工作。运用市场机制解决环境问题是环境保护和治污减排工作的一项重大制度创新，综合运用市场机制解决建设项目排放总量指标来源，缓解环境容量瓶颈制约。这一机制在潍坊全市范围内得到推广。

三是建立健全农村环境治理监督机制。在农村环境治理过程中，应加快农村生态环境治理监督能力。

其一，健全以政府为主导、公众参与的环境治理监督机制，发挥农民的主体性作用。政府需要完善环境污染监测体系，从环境污染源入手，对垃圾处理、污水排放、化肥污染等问题定期做好监测和预防。

其二，建立健全农村环境管理体制。要真正实现农村生态环境治理，必须建立健全农村生态环境治理体制，加强政府及有关部门对农村生态环境的管理和监督，促使管理机制形成常态化。在各种因素的影响下，尽管在一些农村地区建立了民间环保组织，但发挥作用有限，因此需要专门的环保机构保证农村环境工作正常有序地进行，促进农村环境管理体系的完善。要持续抓好镇村（街居）环卫队伍建设，特别是选好配强镇（街道）环卫所长、配齐补足村（居）保洁员，不断充实基层环卫力量。要按照《城乡环卫一体化服务规范》《镇村保洁标准》进一步完善环卫保洁、垃圾收运作业管理制度，严格作业区域、时间和质量标准。要健全定期督导检查、第三方暗访评价机制，形成上下一体、专业高效的监管体系，有效解决作业质量时好时坏的问题。

其三，完善农村生态环境治理法律体系。从适用性角度出发建立健全农村环境治理法律体系，有针对性地制定农村环境污染综合治理法律法规，完善相关法律的具体内容，加大对农村环境治理执法力度；同时，完善农民环境利益补偿机制和环境信息公开机制，健全农民权利，通过完善农村环境保护法律体系进一步保障农民参与环境治理的权利，最终从法治层面建立起农村环境治理和保护制度。

根据山东省委《关于推进美丽乡村标准化建设的意见》和《建设规范》要求，潍坊市委立足实际，实行分步骤、分阶段推进美丽乡村建设：2016 年全面启动，全市所有村庄分 ABCD 四类进行推进；2017 年全市 50％的村庄达到美丽乡村建设 B 级及以上标准（图 4－10）；预计到 2020 年全市达标村庄将达到 80％，到 2022 年将比全省其他地区提前 3 年实现美丽乡村全覆盖。

在美丽乡村建设过程中，潍坊市委、市政府注重示范引领，充分发挥典型示范引领作用。各县、市、区每年选取一定数量的村庄，打造可复制、可持续的美丽乡村示范点、示范区，以示范建设的先进成果带动全市的美丽乡村标准化建设。从 2017 年开始，潍坊市每年遴选 100 个村庄开展市级示范村创建活动，对“市级美丽乡村建设示范村”进行验收认定，并筛选部分村庄争创省级美丽乡村建设示范村，省、市分别对本级示范村安排资金予以奖补。各县、市、区每年也培育一定比例的美丽乡村建设示范村，发挥典型引领作用，推动工作进展（图 4－11）。

图 4－10　寒亭区前阙庄村村貌

图 4－11　临朐县美丽乡村建设

美丽乡村建设，不是孤立的，而是一个系统工程。要努力营造乡村“山水之美、人文之美、富裕之美、和谐之美”的新格局，确保潍坊市在美丽乡村建设方面走在全省前列。

第五章

文化振兴是撬动乡村发展的领会指针

文化振兴是乡村振兴的重要基石和命脉。我国流传数千年的农耕文明和深厚的文化底蕴需要好好挖掘和传承。要记得住乡情、留得住乡愁，既要用现代技术手段和先进装备发展农业，又要用传统的乡风民俗凝聚和吸引更多的人进入农村休闲观光、投入农业振兴发展、加入农民队伍贡献才智。

第一节 乡村教育与乡土文化传承

一、乡村教育开端——学前教育

我国是一个人口大国，根据国家统计局数据显示，截至 2021 年，我国人口总数已达 14.117 8 亿人，居住在乡村的人口为5.097 9 亿人，占比 36.11%。随着市场经济的日益发展，人民群众的物质文化生活条件日益得到改善，基本生存需求得到满足。根据马斯洛需求层次理论，此时人们的需求更多地转向感情以及尊重的需要，不管农村还是城市，家长对孩子的教育问题越来越重视，因此农村地区对教育的需求量也是巨大的。而幼儿阶段是孩子思想、行为塑成的重要阶段，需要良好的环境以及引导，而农村地区的家长普遍文化水平不高，甚至许多年轻家长在外打工，只剩下家中老人在家看管孩子，这就导致广大农村百姓对优质学前教育的需求越来越迫切，要求学前教育质量进一步提高和促进城乡教育均衡发展的呼声也越来越热烈。学前教育是终身教育的开端，是国民教育体系的重要组成部分，也是重要的社会公益事业。

近年来国家也出台了关于学前教育深化改革规范发展的文件。2010 年 11 月 24 日中共中央国务院办公厅发布《关于当前发展学前教育的若干意见》（国发〔2010〕41 号）明确要求各省（区、市）以县为单位编制实施学前教育三年行动计划，着力解决“入园难”问题，满足适龄儿童入园需求，促进学前教育事业科学发展。2011 年以来，国家要求各级政府积极贯彻落实《国家中长期教育改革和发展规划纲要（2010—2020 年）》、“国十条”以及“学前教育三年行动计划”，2018 年 1 月发布的《中共中央 国务院关于实施乡村振兴战略的意见》明确指出，要优先发展农村教育事业，要发展农村学前教育，每个乡镇至少办好一所公办中心幼儿园，完善县乡村学前教育公共服务网络，还提出百年大计教育为本等。农村学前教育在各级党和政府、社会各界力量的共同努力下，得到了较快发展。但由于农村学前教育基础差、底子薄、欠账多，学前教育仍然是教育体系中的薄弱环节。

二、家乡学前教育发展变化

回忆起十几年前笔者小时候上幼儿园的情景，记忆中的画面远没有现在这么美好。记忆中的幼儿园是一个不算宽阔的院子，里面摆着已掉色的滑梯还有各种各样供小朋友们玩耍的娱乐设施，院子周围建了一圈低矮的平房，平房的墙上画着被雨淋到褪了色的彩绘，偶尔也会有墙皮剥落。一间间平房根据功能不同被分成教室、食堂、游戏室等。软硬件设施相对落后：篮子里随意摆放着掉了漆的积木，手风琴常年没有被调过音已经走调失真，金属制的上下床在有限的空间内紧密排列以便让更多的孩子能够午睡，木制小板凳偶尔还会有扎手的毛刺，食堂的饭菜种类几乎不会变化，在有限的教育资源条件下幼儿园老师缺乏系统的教育培训。由于幼儿园空间较小，人口密度较大，卫生条件不尽如人意，一个小朋友得了流感，很容易导致幼儿园内大面积传染。

以天津市所辖的某区县为例，全区现辖 14 个镇，270 个行政村和 33 个社区，区域面积 1 296 平方千米，常住人口 38 万人，其中农业人口28万人。近年来，在党和国家一系列乡村振兴战略的正确引导下，这里的学前教育状况有了翻天覆地的变化。自2010—2012年实施“学前教育三年行动计划”以来，区政府逐年加大学前教育经费投入，力求优化城乡布局，着力加快学前教育均衡发展，大力发展国办园和乡镇中心园，积极改造村办园，规范民办幼儿园和学前教育服务点，逐渐普及学前三年教育，推进学前教育三年行动计划的实施。经过三年的努力，该区乡村幼儿园覆盖范围逐渐扩大，入园率稳步提高，已经形成“以国办园为龙头，乡镇中心园为主体，村办园和民办园为补充”的学前教育新格局、学前教育体系建设取得了巨大发展。目前该区幼儿园的状况如下：当地的农村地区共有245个自然村，3～6岁适龄儿童8 379人。现有普惠性幼儿园48所，其中镇中心园18所，村办园26所，普惠性民办园4所，可提供学位6 013个，尚有学位缺口2 366个。为了能让更多的农村孩子享受到普惠性的学前教育，2020年，当地在农村地区新建幼儿园29所，共补充2 970个学位。城乡学前教育学位供给充足，可满足不同层次入园需求，同时补齐制度短板，堵住监管漏洞，推进学前教育普及普惠安全优质发展。2020年全区学前三年毛入园率达到96%，普惠性幼儿园覆盖率达到80%。

与此同时，农村学前教育环境和教育质量也取得了质的进步。幼儿园的院子已经不再像以前那样狭小，院子里放着崭新的供孩子们玩耍的设施，有许多幼儿园操场上铺上了塑胶跑道，为孩子们的日常锻炼提供了条件；旧时低矮的小平房已经变成了墙面上画着各种颜色鲜艳、充满童趣插画的三层小楼。幼儿园内部的硬软件设施也发展相对完善，多种多样的玩具能够寓教于乐，材质安全环保；图书角摆放着各种图书；教室里配备钢琴，让孩子们能够从小受到音乐的熏陶；每个孩子都拥有属于自己的午睡小床；食堂也格外干净整洁，饭菜多种多样、营养均衡；幼儿园的管理更加严格，保障了孩子们拥有安全和良好的教学环境。更重要的是，越来越多接受过正式的专业学前教育培训的老师们加入到了乡村幼儿园教育队伍中，用科学的方法保证每一个孩子都接受优质的学前教育。

三、乡村振兴背景下，学前教育发展仍需进一步完善

和从前的状况相比，农村地区的学前教育取得了长足的发展和明显的进步，孩子们接受比以前更好的教育，享受着更加美好的童年，但农村学前教育事业仍有很长的路要走和艰巨的任务要完成。例如，农村地区的学前教育经费仍然不足；幼儿园的覆盖范围不够广，仍不能完全满足幼儿就近入园的需求；部分教师没有编制，待遇得不到完全保障；“入园难”“入园贵”的现象仍然存在；经过专业培训的教师仍存在专业能力不足和素质不高等问题。

因此，对于农村地区来说，实施乡村振兴战略是十分必要的，这将为农村学前教育的发展带来前所未有的机遇。预计未来两年，我国农村地区将形成“政府主导、社会参与、公办民办并举”的办园体制，满足不同层次的入园需求，为农村地区的发展带来无限生机。

第二节　新时代青年农民要做好现代农业文明的先行者

历史翻涌而来，又平静而去。洪流中，无数的英雄以及他们的感人事迹在历史的画卷中熠熠生辉。一路走来，新中国已成立七十多年，从 1949 年到 1978 年再到如今，中华大地上从日出东方到阳光普照。作为新时代的青年一辈，我们也在这条光辉的大路上奋力向前，以青春为墨，画下属于我们的鲜艳一笔。

我国是人类文明的发祥地之一，也是农业的发源地之一。从石器时代开始，华夏民族就有了种植业，开始了刀耕火种的农业生活。随着社会的演变，农业逐渐向小农经济发展，此后便在小农经济的基础上进行演变，由粗糙的耕种向精耕细作转变，精耕细作在一定程度上是随着农用工具的出现和发展而出现的，不论是早期的耒耜、翻车、耧车，还是现在机械化生产所使用的农机，都蕴含着

华夏民族的智慧文明。新中国成立后，农业被高度重视，因此，一系列与时代相配套的农业政策在农业发展的漫长历史中为其助力。新中国成立前的《中国土地法大纲》与新中国成立后颁布的《中华人民共和国土地改革法》将土地改革深入落实，使土地这种最基本的农业生产资料回到了农民的手中，让农业有了发展的资本。而后，我国进入快速发展的历史时期，长期以来一直实行的小农经济为配合时代的发展做出了让步，土地转变为公有制，归属国家和集体所有，实现农业集体化。同时，农业也成为国家发展工业的基础，源源不断地为工业输送经济资本。随着改革开放而建立并发展起来的家庭联产承包责任制，让农民自行经营、自负盈亏是农业的一项重大突破，这种制度一直延续到现在，形成了我国“统分结合，双层经营”的农村经济发展制度。至今，这种制度一直被沿用。

在农业上，我们一次又一次地改革和发展，让农业紧跟时代的脚步，也让农业为时代脚步的加快做出了贡献。农业是立国之基本，正是如此，每一次时代的转折，农业也会发生重大的改变，一次又一次的重创，再一次又一次地重整旗鼓，我国农业发展正如中华民族的经历一样，历经苦难，终将强大。

历经种种困难，我们勇敢走来。现在，正是“两个一百年”目标的交接点，是建成全面小康的关键点，我们更加重视农业的发展。2019 年中央一号文件指出，将“坚持农业农村优先发展”确定为当前“三农”工作的总方针，并要求全党及各级政府牢固树立农业农村优先发展的政策导向，千方百计将总方针落到实处。从 1978 年的安徽小岗“大包干”到今天的精准扶贫，如今的神州大地，农业发展在逐渐扩大。四十年来，我们取消了农业税、牧业税和特产税，农村承包地、宅基地“三权分置”。近年来，我们提出乡村振兴战略，精准扶贫，打赢扶贫攻坚战，极力消除贫困人口，将贫穷落后的农村改换风貌。

当代的农村已进入一个“新时代”，不再是从前穷苦落后的状况，现阶段的主要任务是在科技时代中如何改善农村现状，让农村在基本生活有保证的前提下富裕起来。作为国家的中流砥柱，青年眼中的未来农业十分重要。

谈到未来的农业，首先应该提高农民的地位，或者说在不远的将来，农民不应该再叫“农民”，而是种植者。以前，农民“足蒸暑土气，背灼炎天光”地劳作，如今有了众多自动化的机器与高精尖的技术手段，从精准农业到农业自动化，这样的技术保证了农业更精准、更高效地发展。而在未来，农业应该更高级。也许在不久的将来，我们能大规模普及无土栽培技术。在未来人口增多、粮食压力扩大的情况下，土地的种植压力会增大，土地的肥力等将会降低，因此，“脱离”土地的农业可能成为未来农业研究的一大趋势。农民的工作重点不再是不停休的体力劳动，而是更侧重于科学的方面，这将是未来农业的最大改变。

除了科技的高级化，未来土地的多层次化也将是追求的目标。所谓多层次，也是针对土地资源的有限而言的。现在，有很多在楼顶上修建操场、种植树木的例子，这样既可以节省土地资源，又能将空间进行合理利用。如果将层次再增多，变成土地大厦，那么其所能种植的作物种类将达到一个相当庞大的数量。但这又会产生一个问题，每一层次的土壤从哪来？这就可以和前一个设想联系上了，将多层的无土栽培进行叠加搭建，使之成为“培养塔”，那么这样就能显著缓解如今的土地短缺问题。

未来的农业能带给人们什么？区别于现在，未来的农业带给人们的不仅仅是粮食与工作机会，还有经济价值。农业投资将成为一项重要的理财方式，通过对某一农业科技品的投入从而赢得回报，与现在的科研项目投资一样，希望在未来，这样的投资，变得很普遍。与全人类都相关的农业在未来将迎来更加宽广的天地，农业将逐渐变为更为重要的产业。

2019 年中央一号文件指出要实施数字乡村战略。深入推进“互联网＋农业”，扩大农业物联网示范应用，推进重要农产品全产业链大数据建设，加强国家数字农业农村系统建设。企业的技术服务结合数据服务的理念符合大数据时代的潮流，在未来，这类企业将会生产出更多符合大众消费的新产品、新服务，逐渐成为行业的引领者。

第三节 “一路三镇”的文化传承与孕育

沿着206国道进入安徽宿州路段，一路向南，依次分布着三个小镇，当地的村民用时间和智慧，演绎着自己独特的风景。

一、闵子孝贤，鞭打芦花传百世

从206国道分叉出的小道拐入，不出20米便到了祠堂后院的后门。闵子墓祠两侧尽是繁茂的松柏，虽值正午，却显得格外静谧。

“到我这，已经是闵子第74代后人了。”为我们打开门锁的是一位淳朴憨厚的爷爷，他骄傲地介绍着自己（图5-1）。“在族谱上也是有记载的，村里也有很多人姓闵。”闵子骞，春秋时期鲁国人，是孔子的得意弟子，也是七十二贤人之一。孔子言：“孝哉，闵子骞！人不间于其父母昆弟之言。”称赞闵子为人极孝。祠堂内设有二十四孝堂，以表达人们对他的崇敬（图5-2）。

图5-1 闵祠“守护人”

图5-2 二十四孝堂

“闵子身上的孝文化还是很值得我们传承的，村里老老少少都能讲得出他的故事。”在闵爷爷的介绍下笔者了解到，在曹村镇的这座闵子骞祠，始建于宋朝，最初有四进院落的格局，现在仍保留下来的殿宇有 14 间。

近年来，当地文物部门在当地政府的大力扶持下，利用拨款，对祠内建筑和文物进行了加固和修缮。2018 年又在院内设置玻璃防护罩，对院内残存的石碑予以保护（图 5-3）。如今，在资金的支持和后人的努力下，祠东公路旁的牌坊、祠南的孝泉、祠内的公孙树（图 5-4）、闵子的故居、祠北的闵子墓及周边的晒书台、芦花坡、洗砚池等景点陆续展现，“先贤闵子故里”的轮廓逐渐清晰，闵子的故事将被后人更为生动地传颂下去。

图 5－3　闵祠内侧石碑

图 5－4　千年银杏——闵公孙树

二、勠力同心，夏刘寨村换新颜

穿过狭长的穿山公路，远处的“夏刘寨”终于现身，颇有一种“柳暗花明”之感。如果不是亲眼所见，大家可能不会相信眼前错落有致的一幢幢小洋楼呈现的是一个村庄的风貌，也不敢想像这里便是十多年前被称作“穷村烂寨石头窝”的夏刘寨（图 5－5、图 5－6）。

夏刘寨村位于宿州市埇桥区夹沟镇，是中国农村改革典型村，也是安徽省新农村建设示范村。而十年前，由于全村三面环山，村民们生产了粮食蔬菜，需绕行 15 公里才能抵达集镇售卖。加之地势较低，被秃岭荒山包围，“石头窝”一名由此而来。那时候，近八成的村民还住着夜不避风的土坯房，村民的年收入甚至不足 600 元。石山的阻隔，交通的不便，耕地的局限，让村民真真切切地感

图 5－5　夏刘寨村生活区

图 5－6　夏刘寨村商业街

受到“行路难”“卖粮难”“致富难”。

于是，在全村干部的激励和带领下，村民们勠力同心，向荒山进军。

首先，村民们一起凑齐了资金，日夜奋战，打通了一条近 8 米宽的穿山公路，“行路难”的问题得以解决，夏刘寨村和镇里实现了更密切、更便捷的联系，“卖粮难”也不再是村民望而生畏的大难题。

基次，山路开通后，村里组织村民代表到山东、河南等地参观，深入先进的干杂果生产基地进行考察学习。之后，村民们意识到，他们所缺乏的不仅仅是方法和技术，还有一样至关重要的东西——土地。于是，在劳动力多半外出打工的情况下，他们 18 名党员带着 30 多名老幼村民，硬是在这荒山乱石之中，开辟出万余亩土地。后来的几年，村民们开始种植干杂果树，后来又引入了核桃、蓝莓等，日子一天天好起来了，村民们也陆续盖起了新房。有了土地，村子便有了灵魂，村民便有了希望。

然而，受到传统农业的限制，农民依然得“靠天吃饭”，且村里大多是小农散户，如此很难致富。为了实现农民增收、农业增效，全体村民代表相聚一堂，按下了红手印——在不改变原土地承包关系的前提下，从每个农民手中集中 1/4 的土地，由村里的农业公司实行“返租倒包”，进行统一经营和利润分成。夏刘寨村也因而成为全国最早的土地流转、集约经营改革村之一。近几年来，夏刘寨村以土地制度改革为引擎，不断创新农村发展方式，探索走出一条土地集约化、农业企业化、生产规模化、农民组织化、农村城镇化的农村“五化统筹”科学发展之路。党中央在十六届三中全会上，第一次对社会主义新农村作出系统完整论述——建设社会主义新农村是我国现代化进程中的重大历史任务，要按照“生产发展、生活富裕、乡风文明、村容整洁、管理民主”的要求，坚持从各地实际出发，尊重农民意愿，扎实稳步，推进新农村建设。夏刘寨村的村干部和村民也凭借着他们的智慧和坚毅，踏上了共同富裕之路。

“山顶松柏槐，山腰栗果杂，山下高产田，河库鱼虾蟹。”当年的“石头窝”如今化身成为“聚宝盆”，昔日的荒山乱石现已被孕育为“经济林”“生态林”。近年来，村里一改传统的农业经济模式，开始采用三产融合发展的理念，投资 4 000 多万元，打造集温泉洗浴、餐饮、垂钓、采摘等于一体的生态休闲农业观光园，还开放了石榴、葡萄、蓝莓等采摘园。夏刘寨村成了名副其实的宿州“后花园”。

三、电商助力，符离烧鸡香万里

离开夏刘寨村，沿 206 国道向南继续前行，便抵达了烧鸡名镇——符离镇。“离离原上草，一岁一枯荣。野火烧不尽，春风吹又生。”唐代大诗人白居易的《草》便创作于此。符离镇离宿州市市区仅 10 公里，地处黄淮海经济开发区腹地。符离集烧鸡是中华名吃，与德州扒鸡、河南道口烧鸡、锦州沟帮子熏鸡并称中国“四大名鸡”，因产于符离镇而得名，现已逐步发展成镇里最大的产业。

在符离集烧鸡产业基地，已经形成了以刘老二集团、徽香源食品有限公司等为龙头的食品加工企业，分别在“天猫”“京东”和“淘宝网”等交易平台上建立了符离集烧鸡销售链接，销售新鲜烧鸡、袋装烧鸡、礼品烧鸡、烧鸡酱等系列烧鸡品种近 36 种。而过去的一年里，符离镇仅烧鸡产业便达到了总产值 15.5 亿元。40 多年来坷坎曲折的发展，经历了品牌建设和重塑的艰辛，终于得到了时代的回应。

市场改革之初，在国家和政府的大力扶持下，符离集烧鸡产业初见晨曦，迎来了雨后春笋般的发展。当时符离集烧鸡一条街上卖烧鸡的商家有近百家，不过大部分都是家庭式作坊，采用的是像早餐店一样的经营模式——晚上加工、白天销售。符离集烧鸡制作技艺非遗传承人刘金华这样介绍烧鸡的制作过程："烧鸡的制作看似简单，实则要经历宰、洗、炸、卤等多道复杂的工序，从活鸡到色香味形具备的烧鸡，这需要多年实践总结的经验才能恰当地掌握技巧、拿捏火候。"

然而，各家各户"闭门造鸡"各自为战毕竟还是低效的——生产规模小、出品效率低、销售渠道窄。于是，"集群式发展、市场化运作、标准化生产、产业化推进"的发展思路应运而生。在符离镇政府的带领下，多个厂家联合，申请组成符离集烧鸡集团，建立养殖基地，和养殖大户签订合同，由大户养殖。有了成鸡后，再由烧鸡厂组织收购、统一加工、集中销售。如此一来，既实现了养殖农户的增收，又带动了饲料业的发展，更推进了烧鸡产业化的进程。至此，这条符离集烧鸡产业链初步成形。

近年来，符离集烧鸡又迎来了新的挑战——电子商务对线下销售的冲击。作为符离集烧鸡的知名品牌，同时又是安徽省农业产业化的龙头企业，刘老二集团意识到不能单纯地依靠资源来进行市场竞争，必须打破传统的单一线下销售模式，致力发展电子商务渠道。

其实，刘老二集团很早便开始关注电子商务，并把其纳入发展战略规划。公司自 2012 年便成立了电子商务部并配备专职人员，塑造符离集烧鸡线上品牌的计划正式提上日程。为了应对电商的冲击，兼顾线上线下的销售，公司别出心裁地打造了专供线上销售的产品，如"气调锁鲜烧鸡"等。既革新了技术，以最大程度实现符离集烧鸡的风味还原；又创新了产品，照顾了更多地区顾客的口味。

线上品牌初有起色，为了适应公司快速发展的需要，公司尝试打破原有的电商理念，另辟蹊径，促进线上与线下销售的充分融合。结合市场现状，公司和“美团”“百度糯米”等本地生活消费平台合作促销，并采用“线上付款、线下提货”的购物方式，以满足各类消费群体，尤其是年轻人的消费需求。在线上促销方面，公司结合包邮、满减、积分等促销方式，快速有效地实现了客户的数量积累和销量的增加；后又配置了电子商务企业公共服务平台运维，为电子商务的持续、快速发展增添了一份保障。

销售模式的创新，正推动符离集烧鸡走进更多家庭的生活；新渠道的拓宽，将带给符离集烧鸡更多种可能；电子商务的助力，终成为符离集烧鸡产业蓬勃发展的坚实后盾。符离美名，将伴着烧鸡的酱香，香飘万里。

离开符离集的时候，大家会像往年一样买上四五只烧鸡带回家。这个味道叫做念想。

从前提起乡村，大家总会想到炊烟和泥土的气息，而现在，望着后视镜中远去的轮廓，仿佛多了几分幸福的味道。

第四节　破解“去农文化”与村庄的“空心化”

乡村振兴战略提出以来，各项相关政策密集推出。但根据相关数据统计，农村劳动力，特别是青壮年劳动力在不断减少。以老年人为主的村庄越来越多，代表着村庄“空心化”的程度越来越严重。但是在政策大力推行乡村振兴的前提下，为什么相对年轻的高素质人才更多地流向城镇而非农村呢？毫无疑问，经济是根源之一，但是原因绝不会只有经济一个，“去农文化”也是其中一项。破解“去农文化”，是破解村庄空心化的必经之路。

一、“去农文化”的产生与发展

“去农文化”可以理解为“一种由对农村和农民（身份）缺乏自信，因此在各方面都想去除自身农民特质的文化心理”。这种情绪大部分是由农民传达出来的，笔者也是农村孩子，从小也受到过这种教育。家里的老一辈人会教育说“一定要好好读书啊，将来才能不下庄户（方言：在农村种地）”“好好学习，考出学去（方言：一般指上大学）才能不受罪啊”，当时听到这些话的时候笔者并没有太深的感受，现在重新体会这些话，确实让人思考，为什么农民会看低自己的“身份”？

该种思想形成的根源在于城乡的不平衡发展。这是由历史原因造成的。1958 年 1 月全国人大常委会第九十一次会议讨论通过《中华人民共和国户口登记条例》，标志着中国以严格限制农村人口向城市流动为核心的户口迁移制度的形成。改革开放极大地推动了经济的发展，但改革开放后，我国城乡差距呈扩大的态势还在继续发展，城乡二元经济结构的矛盾依然存在。

2017 年全国居民人均可支配收入为 25 974 元，比上年增长 9.0%，扣除价格因素，实际增长 7.3%。全国居民人均可支配收入中位数为 22 408 元，增长 7.3%。按常住地分，城镇居民人均可支配收入为 36 396 元，比上年增长 8.3%，扣除价格因素，实际增长 6.5%。城镇居民人均可支配收入中位数为 33 834 元，增长 7.2%。农村居民人均可支配收入为 13 432 元，比上年增长 8.6%，扣除价格因素，实际增长 7.3%。农村居民人均可支配收入中位数为 11 969 元，增长 7.4%。按全国居民五等分收入分组，低收入组人均可支配收入为 5 958 元，中等偏下收入组人均可支配收入为 13 843元，中等收入组人均可支配收入为 22 495 元，中等偏上收入组人均可支配收入为 34 547 元，高收入组人均可支配收入为 64 934元。全国农民工人均月收入为 3 485 元，比上年增长 6.4%。

数据显示，截至 2017 年，农村人均可支配收入依然处于中等偏下收入组，而城市居民人均可支配收入则处于中等偏上收入组，并且城市居民人均可支配收入几乎比农村居民人均可支配收入高一倍。文化作为上层建筑，必然是基于经济基础的，这种不平等必然导致农村中出现消极的情绪。这种城乡二元化的壁垒导致的不平等，引发了农村人渴望逃离农村的情绪，而这种情绪即“去农文化”，让农民觉得只有离开农村，摆脱农民的身份才能让自己和自己的后代过上更好的生活。如果再不及时把这个思想从农民心里根除，那么乡村振兴就很难真正推行下去。

二、乡村振兴需振兴乡村文化

乡村振兴是仅仅振兴乡村吗？乡村振兴与文化振兴的关系又是怎样的？其实，乡村文化振兴，振兴的从来就不单单是一种文化，而是乡村人的思想。乡村振兴的落脚点应该是在建设好农村的同时让农民以自己的身份为傲。

三、去村庄“空心化”

目前，乡村其实在经济上、在基础设施的建设上已经颇有建树了，但是村庄的“空心化”离最终改善还有距离，留下来的青壮年还是不够多。

为了更好地理解乡村文化建设与村庄“空心化”的关系，寻找解决这个问题的方法，《山东省乡村振兴战略规划（2018—2020年）》针对村庄的“空心化”提出的《山东省人才振兴工作方案》有很多相应的措施：①聚焦“引进来”，实施高端人才引进计划；②聚焦“培养好”，提升乡村人才队伍素质；③聚焦“沉下去”，统筹集聚乡村人才资源；④聚焦“留得住”，创新优化人才发展环境。但是读下来感觉侧重点仍然在如何把人才吸引进来，然后留住人才。然而在村庄“空心化”的主体部分“农民”上，侧重点几乎都在如何增强农民的技术和科教上，对转变农民思想提及的少之又少。规划的第六章介绍了有关乡村文化振兴的情况：全面提升农民文明素养。加强农村思想道德建设，广泛开展爱国主义、集体主义、社会主义教育，弘扬体现山东特色的时代精神、改革精神。充分用好道德讲堂、儒学讲堂、科学大讲堂等各类宣传文化阵地，普及社会主义核心价值观的基本内容和公民道德规范。发挥好农村新乡贤的作用，凝聚道德力量、传播主流价值。深化诚信主题宣传教育活动，形成“守信光荣、失信可耻”的强大舆论氛围。开展“新农村新生活新农民”培训，将现代意识、科学精神、文明理念传递出去转化为农民的自觉行动，引导农民崇尚科学，改进生活方式。

农村人的心结解开了，回头看看农村又建设得这么好，当然还是愿意回到生自己养自己的地方，村庄的“空心化”也就会慢慢地减缓、消失。

四、小结

综上所述，村庄“空心化”不是光解决了农村的经济问题就可以结束的，必须辅以文化建设，而且文化建设一定要跟得上经济建设的脚步，决不能脱节。在文化建设过程中，破除“去农文化”，明确乡村文化振兴的对象确定是“乡村人”而不是单独的一个乡村文化，然后在具体实施过程中采取现在农村人最能接受的方式。对于传播方式，相信如今在大多数的农村地区，传统的宣传方式已经起不到太大的作用了，所以用更贴合现代农村人，尤其是现代农村青年人接受的传播方式，对改变农村青年人的思想，会有很大的帮助。希望在将来，村庄会再次繁荣起来，有人气也有烟火气，孩子和老人们不用再孤独地等待，让许多人无处安放的乡愁，重新找到归宿。

第五节　乡村蝶变之中的乡村文化印象

已经很久没有回过故乡了。初中之前，每逢过年或其他节假日，父亲都会开着个小翻斗车载着一家人，先是柏油路，经过一个小时左右车程后，再翻过一段山梁，走一段石头土路、一段石头河湾，又颠簸了将近一个小时后，回到那个虽然小但依山傍水的山沟沟里。笔者总爱晕车，走最后这一段路的时候特别难受，因此父亲总是走走停停，在半路上休息的时候摘一点小野花或是一段野生“酸豌豆”，呼吸呼吸山上清冽的空气，看看秀气的山包及结群飞在澄澈天空的大雁，就会觉得心情好很多了。

印象最深的是一道河湾，那里石块遍布，却是必经之路。每次父亲开过去时，都要屏住呼吸，神情严肃。父亲每次都打趣着说，回来一次，车就旧了好几成。

再次回去是高考完，祭奠逝去的亲人。走到那段山梁上，远远地看见有两台挖掘机在工作。工人在下面拿着铁锹垫土。晕得不行的笔者还没有缓过劲来，依稀听到父亲说："修路呢，下次回来就不会这么费劲了。"

最近一次回去是在大学期间了。为防止晕车，笔者提前吃了晕车药，本来想长长地睡一觉，一路上却意外地很平稳，没想到这段旅程比想象中的要短。睁开眼时眼前是一条既陌生又有些熟悉的路。

"这是到哪里了？"

"不认得啦？这不是咱们村口那条石头路吗？"

"呀！变成水泥路啦！"

车一进到村子里，笔者有些不敢相信地揉揉眼睛。白色笔直的路灯立在村子的路边，绿色方正的垃圾桶点缀在小路上，蓝色的健身器材集中在一个小广场上，红色的五星红旗在飘扬……这还是笔者记忆中的那个小村庄吗？迎接我们的是姨姥爷。他的脸上已经布满了沧桑的皱纹，却总是咧着嘴笑，像大多数质朴的农民那样，笑着笑着，他的形象就伴随着乡音和我的记忆重合了。

很多年以前，车一进到村里，乡邻们就出来了：串门的、蹲在坡上聊天的、喂完鸡还穿着围裙的、满村跑的小孩子们，都走到路边上来，看看这是谁家的孩子回来过年啦，还是有卖东西的车从乡里来了？他们有的皱着眉头，有的一脸疑惑，有的满是好奇……如今，大多数青壮年进城扎了根，有的老人也跟着走了，本来也没有多少户人家的小村子，也愈发冷清。

村子是依山而建的，到姨姥爷家需要走一段上坡路。对走了大半辈子昏黑夜路的姨姥爷来说，安装的路灯让他感觉既新鲜又方便。路灯上写着"中国联通 2018 扶贫亮化工程"。"去年刚给装的，好像是联通公司。亮堂堂的，当时我还说要不给我在院儿里也安一个。"他爽朗地笑着。

很多年前的除夕夜，笔者总是和小伙伴们打着手电筒，还有人打着红红的大灯笼，在不算平整的村户之间的小路上四处玩耍。那时候笔者总是和母亲抱怨，这么黑的路，容易崴到脚呀。近年来，农村照明工程建设越来越受到政府的重视，全国各地的农村亮化工程陆续开展起来。建设社会主义新农村、改善人居环境是社会发展的必然趋势，也是政府的重要工作之一。而这个偏远不知名的小山村，在昏黑中度过无数个夜晚之后，终于也被乡村振兴照亮了。

到了院子里，一只肥胖的猫“刺溜”一下跑到了后山上。一只白色的鸡“咕咕”地一面叫一面踱着步，也不怕生。让人感到熟悉又亲切——除了焕然一新的房屋。红瓦房、白色的门、新砖砌的墙、钢化玻璃……不用问了，这肯定又是精准扶贫的功劳。站在高处向下望去，“精准扶贫”四个大字刷在墙壁上。扶贫，对这个贫穷了几代人的无名小山庄来说，无疑是福音。依稀记得，小时候村子里砌得最好的砖瓦房，是全村集资出力为姨奶家盖的。现如今放眼望去，整个村子焕然一新。

进屋，显眼的红色吸引了笔者的注意。那是一个“结对帮扶”的公示牌，写着帮扶对象、帮扶事项、帮扶进展等信息。结对帮扶笔者了解一些，这是一项扶贫政策，党员干部一对一结对子来帮扶城乡困难家庭。根据困难户的情况“对症下药”，包括宣传政策、资金扶持、享受优惠等。姨姥爷家是建档立卡贫困户，笔者问起时，他递过一块酥饼子，说上回去住院好像花钱少了。又说起笔者的小叔叔，是另一个村子的亲戚，现在也在读大学，读了计算机专业，每年国家的资助给家里省了不少钱，“几乎都不花钱！”他用浓重的乡音说。

吃了午饭，我们也该回去了。上了车，车子又行驶在来时那条水泥路上，回头看见村头飘扬着的红旗，姨姥爷站在村头目送我们，笔者心里感慨万千。自从笔者小时候离开这里，这个地方好像在一直变化。有一些人离去了，但仍然有一些人在守候着。一些破旧的去了，又有一些新的东西来了。从前在城市里看着那些扶贫的政策，对于笔者来说只是一行行的文字而已，触及真实的变化，才能真的有体会。精准扶贫的多项政策如同杜甫笔下的春雨一般，无声地滋润了这个小村庄。站在全面建成小康社会的决胜道路上，这里也被脱贫攻坚的氛围带动着，放眼望去，都是坚强而昂扬的气息。“在扶贫的路上，不能落下一个贫困家庭，丢下一个贫困群众。”党和政府真真正正地为无数这样的村民收入低、整体发展落后的小村庄谋福利。

回到家里，妈妈拿着手机刷朋友圈。她“欸”了一声，招呼笔者过去看。原来是朋友圈里有人在发电商扶贫的视频了，在讲如何直播。村民们学会了之后，可以通过直播平台宣传自家的土特产，宣传坝上优美的塞外风光。“你看现在这个啊，搞得还真不错，村儿里老土人都要成网红啦。”妈妈笑着说。

“这里是美丽的草原水城沽源。”2017 年，沽源县被评为国家级电子商务进农村综合示范县，通过打造直播村，建立农民主播团，解决了农产品上行缺少渠道的问题。看着老乡操着一口乡音，做起了“美食播主”，笔者再一次感受到了中国乡村的嬗变。这样的光景是邻里乡亲从前想都没有想过的吧！没有农村的小康，特别是没有贫困地区的小康，就没有全面建成小康社会。取得脱贫攻坚战的胜利，千千万万的农村正在成为真正的主角。

伴随着振兴乡村的润物无声，展望将来，笔者对自己家乡的未来充满了憧憬与信心，无论是小家，还是大家。

第六节　河南乡村文化振兴的路径及对策

党的十九大提出乡村振兴战略，习近平总书记 2019 年在参加十三届全国人大二次会议河南代表团审议时强调乡村振兴是包括产业振兴、人才振兴、文化振兴、生态振兴、组织振兴的全面振兴。文化振兴是乡村振兴的根基。中国的文化之根在农村，中国文化的特色也在农村。没有乡村文化的振兴，很难实现乡村的全面振兴；没有乡村文化的繁荣，很难实现乡村的全面繁荣。河南省要实现文化资源大省向文化强省的跨越发展，乡村文化振兴实为关键。

一、河南乡村文化发展现状

乡村文化是一定村落共同体中形成的，以农民为载体的文化，内化于农民的思维方式、行为心理、价值观念，外化于乡村的社会管理、组织方式、科技水平等。作为一个总人口 10 722 万的农业大省，河南乡村人口占总人口的 49.84%。近年来，各级政府十分重视乡村文化发展，致力于乡村文化事业和文化产业发展，各种惠民文化设施逐步落实，农民文化生活日益丰富。

（一）公共文化服务全面推进

截至 2018 年 11 月，河南已建成 41 304 个村级综合性文化服务中心，建成率 85.31%，贫困村村级综合性文化服务中心建成率达 98.87%。另外，河南已建成将近 200 个“乡村音乐厅”，通过文艺演出和艺术培训给文化饥荒的村民送去了精神食粮。2019 年春节，1 120 多个村庄举办了乡村春晚和乡村大联欢，10 多万“民星”登上舞台，千万农民参与其中，乐在其中。乡村公共文化服务的全面推进让千百万的农民群众找到了精神乐园，最大限度地丰富了农民的业余生活，倡导了乡风文明。

（二）乡村精神文明建设持续深入

农民的精神富裕是乡村文化建设的主要目标。近年来，随着社会主义核心价值理念不断深入人心，河南省在广大乡村大力弘扬主旋律和正能量，在培养文明乡风、良好家风，淳朴民风上下功夫，不断改善农民精神风貌，提高乡村社会文明程度。如商丘柘城县成立红娘协会，多种形式发挥婚介职能，促成美满婚姻，在移风易俗和树立文明乡风方面发挥巨大作用；扶沟县积极表彰宣传乡村模范共产党员、脱贫致富带头人、创业致富带头人、孝顺儿子孝顺媳妇、优秀保洁员和文明卫生户，引导乡村文明风尚；文艺汇演、饺子宴、义诊成为息县各乡镇办事处的规定动作；登封的垌头村被中央电视台称为“会唱歌的村庄”，歌声带来了邻里和睦、婆媳和美、干群和谐。

（三）乡村文化传承保护成效突出

截至2018年，河南省的传统村落共有811个，遍布河南各地；三郎庙村、大南沟村、汉山村等入选“中国少数民族特色村寨”；河南有非物质文化遗产470项，涉及民间文学、传统美术、传统音乐、传统戏剧、传统舞蹈、传统技艺、传统医药、曲艺、民俗等。为了更好地保护传承非物质文化遗产，各地政府和民间艺人都做出了积极努力。如2018年6月9日，汝州市国家级非遗传承人李廷怀，省级非遗传承人韩琴、赵志强、王振芳、张玉凤、宋兆普、杜书安等人在市标游园现场收徒。传统的拜师收徒仪式更加彰显尊师重道之礼。

（四）乡村文化产业化发展初具规模

信阳茶叶、宝丰汝瓷、河洛大鼓、兰考乐器、各地乡村旅游特色村等闻名遐迩，如信阳毛尖和信阳红不仅在国内知名度高，在国际上也颇具影响力。2019年4月29日，在信阳召开的中国国际茶商大会暨茶界对话会有效地传播了信阳茶文化。闻名世界的宝丰汝瓷，在当地政府的支持下，一大批热爱汝瓷、传承汝瓷技艺和弘扬汝瓷文化的青年人在“传帮带”培训活动中脱颖而出，推动汝瓷文化产业化发展。当年的县委书记焦裕禄带领兰考人民种泡桐防风沙，如今，兰考人将泡桐做成乐器，产品遍布全国，远销东南亚。

二、河南乡村文化振兴中存在的问题

为了深入了解河南乡村文化建设现状，我们对豫北、豫南、豫西、豫东26个村庄采取问卷和访谈的方式进行抽样调查，共发放问卷300份，有效问卷296份。通过调查我们发现，近年乡村文化建设虽然取得了一定的成绩，也存在不少问题。

（一）乡村建设中文化建设不足

近年来，随着工业化、现代化和城镇化的不断推进，乡村空心化和农业边缘化的问题日益突出，乡村文化在城市文化冲击下逐渐式微，许多民俗文化走向没落。对于地方政府而言，乡村文化建设属于软实力，需下慢功夫，目前大多靠政府“自上而下”的政策单向管理，农民参与乡村文化建设积极性不高，地方政府口头上喊着发展乡村文化，实际上无非就是建个文化大院，逢年过节组个队扭个秧歌唱个戏，村民在乡村文化活动中缺乏参与性、体验性和代入感。

（二）家庭支出中文化支出比例偏低

据调查可知，生产性消费支出（购买生产资料及日常开支）的占比为25.6%，发展性消费支出（子女教育、医疗、家庭娱乐、旅游等）占比为60%以上。这说明河南省乡村发展状况良好，农民基本解决温饱问题，追求美好生活的意识在逐步加强，河南的消费结构从生产性消费转化为发展性消费。但从消费结构来看，乡村居民用于家庭娱乐方面的消费支出在家庭整体消费支出中所占的比例相对较小，家庭支出主要包括子女教育、买房买车、医疗、日常开支等方面。

（三）乡村文化服务供需不平衡

长期的城乡二元结构和发展不平衡，导致河南乡村文化发展的偏差，乡村文化服务呈现供需不平衡的特点，一方面表现为乡村文化基础设施的覆盖面不够，多数乡村缺乏图书馆、音乐厅、剧院等基础设施；第二方面表现为乡村文化经费投入不足，活动经费短缺，不能普及所有民众；第三方面是乡村文化人才缺乏，公共服务能力不足，大多数的乡村文化活动仍然停留在“做文化”的表面文章，文化娱乐活动仍较匮乏。村民对本村乡村文化娱乐活动的满意程度调查显示，超过半数的居民表示不太满意，希望能够不断改进。村民认为，乡村文化娱乐设施应该包括阅览、健身、看戏、棋牌、培训等项目，但目前不少乡村的健身器材不多且损毁后无更换，戏曲只是偶尔为之，棋牌室形同虚设，科技培训不能完全满足需求，多数村民的文化娱乐活动仍局限于看电视或玩手机。

（四）乡村文化产业化水平不高

朱仙镇的画、少林的武术、豫西的锣鼓、郝堂的旅游等都呈现比较好的发展态势。但调查中我们也发现不少问题。首先，文化产业发展定位不够明确。大多数乡村文化产业还处于萌芽阶段，规模小、产品单一，文化内涵深度挖掘不够，品牌意识不强，市场竞争力不足。其次，乡村文化市场的培育缺乏有效的引导和规划。不少乡村文化产业仍处于手工作坊式的分散经营，市场运作经验不足，市场管理意识欠缺，规模经营的乡村文化产业机制尚未形成，缺乏高格调高认可度的文化精品。再次，乡村文化产业可持续性发展动力不足。如部分民俗文化缺乏传承后劲，著名的河洛大鼓面临着传承危机，宗祠文化在城镇化的冲击下日渐没落，传统习俗和文化也在城市文化的渗透下逐渐被同化等。最后，乡村文化产业发展的配套政策滞后。如相关融资、税费减免、市场准入等优惠政策在多数地方尚未出台，社会资源对文化产业的吸引度不够。

（五）乡村文化人才匮乏

随着近年来河南省城市化进程不断推进，人口流失和人才匮乏导致乡村文化建设滞后。对乡村人口受教育状况的调研结果显示，当前大专及以上人才占比只有4.6%，比例较低；高中占比25.3%，而小学及初中占比高达69.1%，还有1%的是文盲。尽管如此，不少学历水平并不高的青壮年长期流动在外打工，学历水平稍高的年轻人更愿意在城市安家，文化水平不高的老弱病残成为乡村主力，乡村文化内生活力不足。

此外，乡村民间艺人和文化传承人由于长期以来得不到足够的重视和有序的组织，他们的文化创作热情随着年龄的增长逐渐消磨，乡村文化传承乏力。基层政府对乡村文化的重视度不够导致乡村干部配置不合理，乡村文化人才队伍数量、质量不理想，结构不均衡。

三、河南乡村文化振兴的若干思考和建议

借乡村全面振兴战略东风实现乡村文化振兴的目标，既是机遇也是挑战。乡村振兴是“五位一体”的振兴，产业、人才、生

态、组织的振兴是文化振兴的有力保障，而乡村文化振兴则是“铸魂”，是乡村最终实现“农业强、农民富、农村美”目标的灵魂。

（一）河南乡村文化振兴的指导思想和原则

河南乡村文化振兴的指导思想是：以习近平新时代中国特色社会主义思想为指导，树立乡村文化自信，挖掘传统文化精髓，发展面向现代化、走向世界、决胜未来的和民族的、科学的、大众的社会主义乡村文化。河南乡村文化振兴的原则包括：第一，坚持乡村文化自信。乡村文化自信是乡村文化振兴的基石，也是解决“三农”问题的关键。没有乡村文化的自信，乡村无法真正振兴，国家也无法真正强大。第二，坚持农民主体地位。乡村文化振兴的主角是农民，传承和创新乡村文化的主力军也是农民。只有坚持农民主体地位，激发农民传承创新乡村文化的信心和决心，乡村文化振兴才会有源源不断的发展后劲。第三，坚持核心价值引领。大力推动“爱国、敬业、诚信、友善”的个人层面核心价值塑造，引导文明乡风、良好家风建设，改善农民精神风貌，提升乡村文明程度，呈现乡村文明新气象。第四，坚持因地制宜精准施策。因文化传承、地理位置、资源禀赋的不同，乡村文化具有明显的区域特征，不同地区应充分尊重民族习俗、结合地域特色助推文化振兴。第五，坚持改革创新激发活力。通过建设乡村文化发展新平台、开发乡村文化产品新技术、开拓乡村文化产业新渠道、挖掘地域文化新资源和丰富乡村文化生态。

（二）振兴河南乡村文化的举措

1. 培育“民本自觉”观念，构建优秀乡村文化内生机制

乡村文化振兴的主体是农民，构建乡村文化的内生机制就是激发农民的积极性和创造力。首先，要充分尊重农民意愿。充分发扬民主，把农民的文化需求作为乡村文化振兴的着力点，允许农民参与乡村文化发展决策和监督，拓宽农民对乡村文化认识的深度和广度，提高农民的文化主人翁意识，让农民真正成为乡村文化的传承者和发展者。高度重视民间艺人和文化能人的意见和

建议，因为他们是真正的乡村文化的专家，尤其在涉及乡村文化建设和发展的相关问题上，要充分尊重他们的意见，杜绝“一言堂”。其次，大力弘扬优秀传统文化和文明风尚。依托村规民约，按照社会主义核心价值观要求开展移风易俗活动，不断改善农民精神风貌。扬善行义举、贬失德失范，扬优秀文化、弃迷信思想。使文明乡风、良好家风、淳朴民风渗入农民的生产生活。2018 年 7 月 7 日，河南省淮阳县利用村级文化大院，开展了“七下乡”宣传活动，形象生动地揭露邪教的欺骗手段，倡导广大人民群众养成科学生活方式，破除愚昧。再次，推动群众文化活动的开展。按照农民意愿建设完善乡村文化硬件设施，如乡村剧场、乡村书屋、文化广场等，及时修缮健身活动器材，及时完善图书设施，让农民有参与群众文化活动的场所。鼓励农民自办文化活动，扶持业余演出队、业余放映队的发展并统筹管理，鼓励自办文化活动按照时代要求，积极创作并创新乡村文化。最后，培育乡村文化“潮人”。高手在民间，要善于发现乡村文化能人，使其参与到乡村文化建设的主导工作中，把其打造成乡村文化建设的骨干，“潮人”带头引导村民读书、看戏、参与乡村文化活动。同时不能忽略优秀基层干部、道德模范、身边好人等新乡贤的示范引领作用，大力弘扬诚实守信、敬业奉献、见义勇为、孝老爱亲的高尚品德，引导农民追求幸福、美好的生活，让社会主义核心价值观在乡村落地生根。

2. 树立“文化特色”理念，构建乡村文化创新发展机制

各地的文化资源禀赋各异，树立“文化特色”理念就在于科学把握各地乡村文化的差异性和发展走势分化特征，挖掘当地历史文化底蕴，做好顶层设计，因势利导，分类施策。首先，结合国家及河南乡村振兴总要求，制定河南乡村文化振兴战略规划，做好其与河南乡村振兴战略、“十三五”规划、相关专业规划的衔接，指导各地因地制宜制定地方乡村文化振兴顶层设计。其次，挖掘乡土故事，打造文化特色。河南历史悠久，文化灿烂，各地都有许多美丽的文化传说，也有许多文化底蕴深厚的乡村，挖掘乡村文化灵魂才能体现文化的社会价值。如济源市利用“商山四皓”的文化传说编排大型情景剧《商山四皓》，利用乡村历史文化助力乡村经济振兴，书写了成功的“济源经验”。最后，建立乡村文化景观带。各地利用文化特质，以传统村落、传统民居、传统生活、风俗习惯、精神信仰等软质文化景观要素，以多种形式凸显地域文化。宣传社会公德、传统美德，引导淳朴民风，倡导尊老爱幼，构建孝老爱亲和踏实干事的人文环境。

3. 实施“文化产业”战略，构建乡村文化产业发展机制

乡村文化产业化发展是乡村文化发展繁荣、提高影响力的重要战略。2018 年河南省文化和旅游厅命名了 20 多个乡村为河南省文化产业特色乡村，如郑州二七区的樱桃沟、开封鼓楼区仙人庄街道办事处的余店村、焦作温县的招贤乡、滑县的道口镇等，这些乡村的文化产业都实现了产业化发展且闻名遐迩。习近平总书记在党的十九大报告中提到“推动文化事业和文化产业发展”，要想实现乡村文化的可持续发展，就要以集约型、内涵式、品牌化的发展目标推进乡村文化产业化发展，包括特色农业、生态、旅游、影视等的产业化。首先，夯实文化产业发展基础。文化产业和其他产业一样，在生产过程中需要高效的通信技术、完善的水电设施和良好的交通条件等，这是文化产业发展壮大的物质基础。其次，大力打造乡村文化产业品牌。一批本土品牌陆续焕发生机，“百里樱桃沟”的樱桃被评为“郑州十大历史名产”，而“道口烧鸡”历史悠久，云台山景区也是世界闻名，鄢陵蜡梅则名冠天下，这些品牌都是当地的闪亮名片。无论是特色农产品品牌，还是生态旅游产业，或者影视基地产业，乡村文化产业只有打造自己的知名品牌才能走得长远。最后，引导民间资本注入。民间资本更善于利用当地特色文化传说和特色生态环境进行资源的开发，如开封乡村振兴“1＋6”示范带试点村余店村，全村通过整体改造，积极引进河南大宏农业旅游开发有限公司，成为远近闻名的乡村乐园、商业街、民宿、艺术家创作基地、生态康养基地等周末休闲度假区。合适的招商引资政策，合理的优惠空间是民间资本注入的前提，当地政府需要把握乡村文化产业发展的方向和乡村改造的特色定位，使其不失淳朴原生态。

4. 建立“文化反哺”体系，构建城市文化与乡村文化反哺机制

“文化反哺”意指在急速的文化变迁时代所发生的年长一代从年轻一代身上吸收文化的过程。中国文化之根在乡村，中国文化的韵味也在乡村，就文化传承而言，城市文化脱胎于乡村文化，然而，随着社会的不断转型和变迁，城市文化逐渐区别于乡村文化，具有其特有的现代性和包容性。在文化反哺的环境下，城市文化借助城市化迅速占领主流文化市场，变被动的文化传承者为主动的文化传播者，城市建设吸引了乡村的青壮年劳动力并影响其思想，这种城市化不仅没有带动乡村文化的发展，反而在形成城乡二元化的同时，出现乡村传统文化和道德伦理的衰落。现代化不是要消灭乡村，而是促进城乡一体化，促进城市和乡村文化的融合，共享发展成果。既要保留乡村文化的传统性和淳朴性，又要承接城市文化的现代性和包容性，需要建立乡村文化和城市文化的反哺机制。一方面，破除城市进入乡村的身份壁垒，允许城市居民无障碍进入乡村；通过城市文化人才的流动，拓宽乡村文化的发展视角和乡村文化产业化融资渠道。另一方面，提升乡村文化魅力，打造宜居物质和精神文化庄园，让乡村文化的乡愁和乡韵吸引越来越多享受慢生活的城市居民。最后，融合乡村文化、先进文化与主流文化，用优秀乡村文化引领文化潮流。让文化回归乡村，乡村文化也可以包容城市文化，逐渐让乡村文化成为人人向往的流行文化，让乡村文化绽放其独特的文化魅力。

5. 坚持“政府参与”观念，构建乡村文化联动协调护航机制

乡村文化的振兴，离不开政府方方面面的引导和支持，构建乡村文化联动协调护航机制十分必要。第一，制定乡村文化发展规划和模式。乡村文化的振兴是有地方特色的文化振兴，按照布局区域化要求，帮助乡村文化发展适合本身资源禀赋的文化模式，如有历史资源的乡村要利用历史传说打造历史名村，有旅游资源的乡村要着力打造乡村旅游，有文化资源的乡村要促进文化的产业化，各地要在政府的引导下确定乡村文化发展战略并有效实施。第二，加强乡村法治建设。乡风文明仅仅靠村民自觉是不够的，懂法、知法、守法的村民是乡村文化振兴的底线。加强乡村法治建设，一方面要加强乡村法规的宣传，另一方面要加强村规民约的入户入心。弘扬主旋律和社会正气，塑造文明乡风、良好家风，改善农民精神风貌，提高乡村社会文明程度，焕发乡村文明新气象。第三，健全乡村文化经费保障制度。乡村要美，离不开经费支持，政府既要在物质方面打造美丽乡村，又要在精神方面塑造文明村民，加大文化设施的投入、文化下乡的支出、文化人才的培养等。第四，打造乡村教育金名片。乡村教育的弱势一直是制约乡村文化发展的瓶颈。一方面，重点支持乡村各级学校的硬件设施和师资力量，发展素质教育；另一方面，乡村文化的传承需要后继有人，因此乡村教育应结合当地文化特色打造“乡村金课”。如汝窑为五大名窑之首，中国陶瓷史上素有“汝窑为魁”之称，那么汝窑瓷器的相关文化及技艺知识可以从娃娃抓起，做到传承有序。如被称为“东方咏叹调”的豫剧，许多像豫剧这类具有代表性的地域流派剧目已经或几近失传，其艰难的生存状况让戏曲艺术从业人员数量不断减少，戏曲人才选拔方面也走入困境。传统文化进校园，豫剧地域流派剧更应该进校园，培养人才后备军。第五，监督护航乡村文化产业发展。政府要加大对当地文化特色产业的支持和宣传力度，在土地、资金、优惠政策等方面支持当地文化的产业化发展，积极引进民间投资，发扬壮大乡村文化产业，并在乡村文化营销方面给予信息支持和政策引导。第六，建立乡村优秀文化传承创新评价机制。政府要把乡村文化振兴放到整个乡村振兴战略的核心位置，建立乡村文化评价机制和乡村文化建设政绩考核问责制度。评价村民的文明程度，评价乡村文化硬件和软件的建设，评价政府政策的倾斜度、评价乡村文化人才的建设等，根据各地目标设定及其达成度评价各级领导干部的政绩，并把其作为考核干部的文化指标，对不重视或者不落实文化政策，对乡村文化建设无作为的干部进行问责，督促各级地方干部真抓实干，继而实现乡村全面振兴的伟大战略。

第六章

始终坚持党对组织振兴的全面领导

党的十九大报告始终贯穿着一条主线，就是全面加强党的领导和党的建设。党政军民学，东西南北中，党是领导一切的。坚持党对一切工作的领导，不断加强和改善党的领导，是中国不断创造出人类社会发展史上“东方奇迹”的根本保证。实施乡村组织振兴，必须始终坚持党的全面领导。要切实加强统筹协调、整体推进、督促落实，凝聚起实施乡村组织振兴的磅礴力量，推动组织建设全面升级、全面进步、全面发展，谱写新时代组织全面振兴新篇章。

第一节　全面加强农村基层党组织建设

2018 年 3 月，习近平总书记在参加十三届全国人大一次会议山东代表团审议时指出，要推动乡村组织振兴，打造千千万万个坚强的农村基层党组织，培养千千万万名优秀的农村基层党组织书记，深化村民自治实践，发展农民合作经济组织，建立健全党委领导、政府负责、社会协同、公众参与、法治保障的现代乡村社会治理体制，确保乡村社会充满活力、安定有序。党的力量来自组织，组织能使力量倍增。实施乡村振兴战略，实现“农业强、农村美、农民富”，必须提升组织力，要把农村基层党组织建设成宣传党的主张、贯彻党的决定、领导基层治理、团结动员群众、推动改革发展的坚强战斗堡垒。

一、坚持党管农村工作重大原则

习近平总书记明确指出，党管农村工作是我们的传统，这个传统不能丢。新民主主义革命时期，我们党领导中国人民走出了一条农村包围城市的革命道路，亿万农民翻身得解放，中国人民从此站了起来。社会主义革命和建设时期，我们党领导农民开展互助合作，发展集体经济，大兴农田水利，大办农村教育和合作医疗，极大改变了农村贫穷落后的面貌。改革开放以来，我们党领导农民率先在农村发起改革，推行家庭联产承包责任制，兴办乡镇企业，鼓励农民进城务工，统筹城乡经济社会发展，农业农村发生了翻天覆地的变化。可以说，我们党能不能把广大农民群众吸引和组织在自己的周围，最大限度地发挥农民的积极性和创造性，决定着党的事业的兴衰成败。

党的十八大以来，以习近平同志为核心的党中央始终把农业农村和农民问题列为各项工作的重中之重，始终坚持加强和改善党对农村工作的领导。2017 年 12 月，中央农村工作会议明确强调，办好农村的事情，实现乡村振兴，关键在党，必须加强和改善党对“三农”工作的领导，切实提高党把方向、谋大局、定政策、促改革的能力和定力，确保党始终总揽全局、协调各方，提高新时代党领导农村工作的能力和水平。党管农村工作，是实施乡村振兴必须坚持的一个重大原则。必须毫不动摇地坚持党管农村工作重大原则，进一步健全党管农村工作方面的领导体制机制和党内法规，确保党在农村工作中始终总揽全局、协调各方，为乡村振兴提供坚强有力的政治保障。

坚持党管农村工作原则，不是一句口号，关键要落到实处。要加强党对“三农”工作的领导，要在深化农村改革、强化投入保障、强化规划引领等方面见真章。如山东省为保证党管农村工作有效实施，进一步完善领导体制，调整省委农村工作领导小组，省委书记任组长，省长任副组长，一名常委任专职副组长兼办公室主任；成立省委农村工作委员会，统筹推动乡村振兴各项任务落实。各市县党委也按此调整机构，配备力量，实行省负总责、市县抓落实的工作推进机制，形成了五级书记共抓乡村振兴的格局。实施乡村振兴战略，是一项长期的历史性任务。必须认真抓好党在农村各项基本政策的全面落实，当前尤其要抓好习近平总书记关于“三农”工作的系列重要讲话精神和《中共中央 国务院关于实施乡村振兴战略的意见》《乡村振兴战略规划（2018—2022年）》等文件精神的贯彻落实。各级党委和政府要提高对乡村振兴战略重大意义的认识，把实施乡村振兴战略摆在优先位置，把党对乡村振兴的集中统一领导落到实处。

【专家观点】

完善党领导“三农”工作体制机制

完善党领导“三农”工作体制机制，一要落实农业农村优先发展。各级党委和政府要坚持工业农业一起抓、城市农村一起抓，不断健全完善农业农村优先发展的制度安排，确保做到“四个优先”，即在干部配备上优先考虑、在要素配置上优先满足、在资金投入上优先保障、在公共服务上优先安排。二要健全党委全面统一领导、政府负责、党委农村工作部门统筹协调的农村工作领导体制。建立实施乡村振兴战略领导责任制，实行中央统筹、省负总责、市县抓落实的工作机制。党委和政府一把手是第一责任人，五级书记齐抓乡村振兴。县委书记要下大气力抓好“三农”工作，当好乡村振兴“一线总指挥”。三要切实加强各级党委农村工作部门建设，优化党的农村工作机构设置和人员配置，充分发挥决策参谋、统筹协调、政策指导、推动落实、督导检查等职能。四要研究制定中国共产党农村工作条例，把党领导农村工作的宝贵经验以党内法规形式确定下来，确保乡村振兴战略的有效实施。

——农业农村部党组成员、副部长吴宏耀

二、着力提升农村基层党组织的组织力

习近平总书记在党的十九大报告中指出，要以提升组织力为重点，突出政治功能，把企业、农村、机关、学校、科研院所、街道社区、社会组织等基层党组织建设成为宣传党的主张、贯彻党的决定、领导基层治理、团结动员群众、推动改革发展的坚强战斗堡垒。这是党中央对党的基层组织建设的新部署、新目标、新定位、新举措，为全面加强农村基层党组织建设、着力提升农村基层党组织组织力指明了方向。

（一）突出政治引领，加强政治领导

党的基层组织是政治组织，是党在社会基层组织中的战斗堡垒，是党的领导延伸到基层的重要载体。提升农村基层党组织的组织力，就是要发挥党的政治优势，把党的全面领导落实到农村基层党组织，引导农村基层党员干部牢固树立“四个意识”，坚定“四个自信”，自觉在政治立场、政治方向、政治原则、政治道路上同以习近平同志为核心的党中央保持高度一致，确保农村基层党组织用党的创新理论高度统一起来、巩固起来，用信仰的力量、组织的力量，汇聚起实现乡村振兴战略的磅礴力量。

（二）创新设置方式，扩大有效覆盖

提升农村基层党组织的组织力，必须推动党的组织有效嵌入农村各类社会基层组织，使党的工作有效覆盖农村各类群体，切实做到哪里有群众哪里就有党的工作，哪里有党员哪里就有党的组织，哪里有党的组织哪里就有党组织作用的充分发挥。同时，还要适应农村经济社会结构、生产生活方式等深刻变化，按照有利于加强党的领导、有利于开展党的组织生活、有利于党员教育管理监督、有利于密切联系群众的原则，探索创新党组织设置方式。如拉萨市采取单独建、挂靠建、联合建等模式，加大在村民小组、农牧民专业合作组织、村级集体经济、网格单元和联户单位等领域建立党组织的力度，使党的组织和工作延伸到每个角落，确保每一名党员都纳入党组织的有效管理。截至 2018 年 10 月，全市共建立村民小组党

支部、网格党支部、农牧民专业合作社党支部 1 096 个，在全市网格单元和联户单位中建立党小组 8 627 个，在易地扶贫搬迁安置点建立党组织 25 个。

（三）筑牢工作基础，激发组织活力

基层党组织是党最基本的“细胞”，是党全部工作和战斗力的基础。要积极创新思路，加强农村基层党组织建设。要发挥党支部主体作用，使组织体系更加健全、活动更加经常、支部更有活力。尤其要加强村“两委”建设，大力推进村党组织书记通过法定程序担任村民委员会主任和集体经济组织、农民合作组织负责人，推行村“两委”班子成员交叉任职；鼓励非村民委员会成员的村党组织班子成员或党员担任村务监督委员会主任；提高村民委员会中的党员比例。大力开展支部创先争优活动，坚持“量化目标、严格考核、科学评价、动态管理”，建立规范严密的基层党组织管理体系，促进村党组织管理制度化、科学化，引导村党组织创先争优、比学赶超，切实提升基层组织力，真正使农村基层党组织成为教育党员的阵地、团结群众的核心、攻坚克难的堡垒。

三、整顿软弱涣散的村党组织

基层党组织是党联系群众的桥梁和纽带，是党开展工作的出发点和落脚点。整顿软弱涣散的农村基层党组织，有利于增强农村党员干部的服务意识，密切党群干群关系，发挥村党组织的战斗堡垒作用。因此，必须持续抓、反复抓，一个阵地一个阵地巩固。如湖南省建立健全经常性发现和整顿软弱涣散的村党组织的工作机制，采取领导挂点、部门帮扶、选派“第一书记”等方式，持续抓好整顿，深入开展党支部“五化”建设，推动农村党支部建设质量整体提升。

（一）摸清底数，周密部署

要坚持问题导向，全面开展实地调研，深入了解村党组织领导班子、阵地建设、队伍建设、工作机制、工作业绩和群众反映等方面的问题，采取对照标准“查”、民意调查“评”、聚焦问题“排”和综合分析“定”相结合的办法，找准软弱涣散党组织，逐一登记

造册。对确定的软弱涣散和后进村党组织，县、乡要抽调“精兵强将”组成整顿工作队，重点分析软弱涣散的深层原因，研究制订整顿方案，明确具体责任人和整顿时限，以踏石留印、抓铁有痕的劲头推动软弱涣散和后进村党组织整顿工作扎实开展。

（二）对症下药，精准施策

在全面掌握软弱涣散党组织的问题现状和主要症结的基础上，将软弱涣散村党组织划分为换届选举矛盾、党组织书记不胜任现职、村务财务不公开和民主管理混乱、信访矛盾纠纷集中、不开展党组织活动、党内生活不经常、党组织服务意识差、群众意见大等类别，建立集中整顿工作台账。采取因地制宜、分类施治、先易后难、一个党组织一个对策的方式，科学制订整顿方案，明确整改内容、具体时限、整改进度及工作责任，确保做到整顿对象、措施、时限、责任、效果“五明确”，帮助软弱涣散和后进村党组织“挺直腰板”、重焕活力。

（三）强化责任，严格督查

要切实提高政治站位，层层压实整顿软弱涣散党组织的工作责任。各级党组织书记要履行好抓党建第一责任人职责，县（区）一级党委书记要加强领导、高位推动，乡镇党委书记要当好“指战员”，软弱涣散基层党组织书记要主动作为，帮扶队员要真正发挥“工作队”的作用。要建立整顿治理工作跟踪问效机制，实行整顿转化销号制度。组织部门要紧盯关键环节、重难点村，不定期对整顿工作进行督导检查，通过实地暗访、专项调研、电话抽查等方式，对整顿工作督导问效。对工作推进不力、成效不明显的要进行约谈，对标准把关不严、弄虚作假走过场的要进行追责问责，切实保证整顿工作用真劲、动真格、见真效，确保软弱涣散和后进村党组织全面进步、整体提升。

第二节　组织振兴要抓“关键少数”

俗话说：雁飞千里靠头雁，船载万斤靠舵人。党的十九大报告明确提出：加强基层党组织带头人队伍建设。办好农村的事情，关键在建强农村基层党组织。而建强农村基层党组织，关键在选优配强村“两委”班子队伍。只有村“两委”班子队伍坚强有力，发挥好“带头人”作用，乡村组织振兴才能得到根本保证。

一、严格选人标准，拓宽选人渠道

选优配强村“两委”班子，对于一个村的发展至关重要。一个村的“带头人”思想素质好、能力强，班子整体作用发挥较好，那这个村的发展就上得去，老百姓就会安居乐业；反之，则发展停滞困顿，矛盾纠纷层出不穷。村“两委”班子是党在农村工作的推进者、落实者，也是党和政府的形象在农民群众中的直接体现。只有把“带头人”选优，把班子配强，才能夯实党在农村的执政基础。

（一）好中选优推能人

选优配强村“两委”班子，要对人选进行全面考察把关，尤其要充分听取各方面的意见建议。考察前，要发布考察预告，主动接受党员群众的监督和举报。如江苏省灌南县汤沟镇党委在2016年村级党组织正式换届选举开始前，及时发布考察预告，派出选举指导小组进村入组走访群众、联系党员，向在外打工的党员发送征求意见短信、寄发征求意见函，广泛听取党员群众对基层党支部的意见，共收到群众意见建议126条。考察中，要充分发扬民主，突出听取党员、群众代表的意见，尤其要听取离任村干部和老党员、致富能人、回乡创业人员、党员群众代表、第一书记及驻村工作队的意见建议，作为确定村“两委”候选人的重要依据。考察后，对一些不安心本职工作、办事不公、以权谋私、群众不满的不合格村干部人选及时清理、排除在外，切实增强村干部的竞争意识、危机意识。

【专家观点】

农民富不富　关键看支部

要保证乡村振兴战略有效实施，就必须以提升组织力为重点，突出政治功能，实现农村党建与乡村振兴深度融合，真正把农村党组织的政治优势、组织优势以及党员密切联系服务群众的作风优势转化为推动乡村振兴的发展优势。

加强组织自身建设，发挥政治优势。“农民富不富，关键看支部；农村强不强，关键看头羊。”这句话生动阐述了农村基层党组织建设的重要性。农村党员干部要做到脚下有泥，心中有情，能以紧接农村地气的话语、农民喜闻乐见的形式，向农民群众准确传达乡村振兴战略部署，帮助他们深入领会党和国家的“三农”新政，教育引导农民充分认识其建设主体地位，破除“等靠要”思想，组织动员农民群众积极投入农业农村现代化建设。

坚持党的组织路线，发挥组织优势。善于发现乡村各类思想解放、踏实肯干、头脑灵活、土生土长的本地人才，改善乡村发展环境，吸引进城务工农民返乡、城市资本下乡、大中专毕业生入乡，立足乡村就业创业，共促农业农村现代化。通过强化组织体系建设，发挥组织优势，坚持和加强党对农村工作的全面领导，确保党在农村工作中始终总揽全局、协调各方，形成坚强有力的组织保障。

密切联系农民群众，发挥作风优势。群众路线是党的根本工作路线，农村党员干部大多来自基层，是农民出身，他们在一线工作，贴近农民，熟悉农业农村发展实际，具有得天独厚的群众工作条件。要抛开农村苦、农村累等消极落后思想，将农村的建设、发展作为自身使命和责任，与农民群众同吃同住同劳动，及时发现和妥善解决农业农村发展中存在的突出问题，帮助农民排忧解难，充分掌握农民所思所想所盼，精准施策，推动改革发展。

——华中农业大学马克思主义学院
副院长、教授 梁伟军

（二）拓宽渠道选能人

选优配强村“两委”班子，要大力实施“能人强村”工程，要把能否带领党员群众致富作为选配村党支部书记的重要标尺，将那些素质高、能力强、群众拥护的党员选为“领头雁”，从而提高村党支部书记的群众认可度。要破除论资排辈观念，敢于突破常规，开阔选人视野，大胆起用优秀人才，从退转军人、大中专毕业生、外出务工回乡青年、致富带头人、机关干部、退休回乡干部中选拔村干部，优化村干部结构，提升村级班子整体实力。如陕西省西乡县在2018年的村“两委”换届工作中，针对部分村人选不足或无人可选的情况，镇村主要领导上门动员外出能人32人回村参选，大胆从优秀村级后备干部中择优遴选79人，因地制宜从机关干部、邻村发展致富带头人、创业能人中精选派任127人。

（三）优化结构配能人

选优配强村“两委”班子，要注意干部队伍老中青搭配。村干部不是“官”，却管着关系老百姓切实利益的大事。村级组织不是“衙门”，却是各项政策落实的终端。要充分发挥老干部“领头雁”的作用，老干部有经验、有威望，尤其是在农村，德高望重的老村干部在化解矛盾纠纷、“传帮带”等方面有不可替代的作用；要充分发挥中年干部“顶梁柱”的作用，中年干部既有威望又有精力，有一定的学识也有丰富的阅历，工作能力较为突出；要充分发挥青年干部“急先锋”的作用，青年干部有干劲、有想法、有知识，思维开阔，做事注意创新，不拘泥于边边框框，工作中往往给人带来意想不到的惊喜。只有通过老少搭班、性格搭配、学历优先、提升能人进班子比例等办法，才能真正选优配强村“两委”班子，才能更好适应新时代基层工作的需要，更好地为老百姓服务。

二、加大培训力度，完善村干部教育机制

村干部队伍的素质，事关一个村能否管理好、发展好。要切实加强对村干部的教育培训，在培训内容、方法、管理等方面，都要注重培训的灵活性、实用性和规范性。要通过教育培训，使村干部

进一步提高理论水平，提高工作能力，努力打造一支想干事、真干事、能干事的“升级版”村干部队伍。

（一）拓展网络，确保培训全覆盖

按照统筹规划、分级负责、分层培训的原则，由县委组织部、县委党校、县各涉农单位与乡镇一道，齐头并进抓好村干部培训，充分发挥村级远教站点作用，构筑县、乡、村三级联动的教育网络，确保村干部经常性受教育，“一个不少”全覆盖。如辽宁省新宾县，紧密结合县、乡、村三级工作实际，采取县乡各负其责的方式，通过县乡互动联合联训，将村党支部书记、村委会主任及村监会主任全部纳入县级干部教育培训项目，作为重点主体班次来抓。针对一些村干部培训不经常、热情不高、动力不足等现状，县委组织部专门举办全县村“两委”班子成员专题培训班。同时，针对村干部队伍后继乏人的实际情况，将村级后备干部、村小组长、优秀党员全部纳入乡镇一级培训，加强日常教育和培养。

（二）创新方式，注重培训灵活性

要改变就培训抓培训的做法，树立全方位、开放式的培训理念，通过集中培训与分类培训相结合、理论学习和实地指导相结合、经验交流与实地参观相结合等方式，提高村干部“活学活用”的能力。可以采取菜单式培训的方式，通过发放调查问卷、召开座谈会等形式，广泛征求参训人员的建议，确定培训内容。根据村干部需求，邀请有关专家从政策理论和工作技巧等方面开展针对性培训。也可以采取体验式培训的方式，组织村干部到各地各类示范点和农村科技产业基地实地参观，让村干部亲身感受和学习示范点在组织建设、产业发展和美好乡村建设等方面的成功经验。还可以采取跟班式培训。适当组织村干部到乡镇信访、民政、农技、扶贫办等部门跟班学习，参与信访接待、掌握农村政策、学习农业技术、了解扶贫工作，着力提高村干部的实际工作能力。

（三）强化管理，提升培训的质量

按照重管理、严要求的原则，各地可结合自身实际制定《村干部教育培训制度》《村干部学习管理制度》《村干部学籍管理规定》

等规章制度，确保教育培训有章可循。要将村干部参加教育培训情况列入岗位目标责任进行考核。参加县级培训的村干部，由县委组织部、县委党校提供培训情况，内容包括培训纪律遵守情况、参学学时、考试成绩等，对参学时间不达标和考试不及格的，在年底考评中不得评优。乡镇一级要建立村干部教育培训档案，内容包括参加县、乡两级各类培训情况及村自行组织的各类教育培训活动，把村干部教育培训列入岗位目标进行考核，与个人绩效补贴相挂钩，并作为干部选拔任用的重要依据。

三、健全保障机制，调动村干部工作积极性

村干部队伍是贯彻执行党在农村各项方针政策的骨干，是团结带领农村广大群众全面建成小康社会、建设中国特色社会主义新农村的带头人。如果他们的工作积极性调动不起来，将会严重影响乡村振兴战略的实施。因此，必须加强保障、强化措施，完善村干部培养、选任、激励等机制，营造“事业留人、感情留人、待遇留人”的良好环境。只有这样，才能让广大村干部在新农村建设的主战场上履职尽责、奋勇争先。调动村干部工作积极性的方法如图6－1所示。

图6－1 调动村干部工作积极性的方法

（一）着力改善经济待遇

目前，村干部的工资水平普遍偏低，这也是村干部的岗位对年轻人和能人的吸引力不足的重要原因。待遇不改善，会导致难以选出高水准的村干部，即使选出了村干部，他们也难以全身心地投入。因此，必须严格按照习近平总书记“要关心和爱护广大基层干部”的重要指示精神，在村干部待遇保障上下功夫。如安徽省合肥市，大力创新村干部激励机制，按照村党组织书记专职化管理意见中“不低于新录用乡镇公务员试用期满后工资水平”和村“两委”正职基本报酬不低于当地农村人均可支配收入两倍的标准，落实村“两委”正职报酬待遇；村副职和村“两委”其他成员报酬一般按正职的0.9、0.8系数确定，纳入财政预算，统一打卡发放，并根据当地经济社会发展水平，建立正常增长机制。目前，全市村“两委”正职、其他村“两委”干部年人均报酬分别达4.6万元、3.8万元。现有93%的村干部办理了城镇职工养老保险，符合条件的已全部办理。

（二）着力改善政治待遇

要激发干事创业活力，让村干部政治上有盼头。应在继续加大从村干部中考试录用公务员工作力度的基础上，对政治素质高、工作能力强、作风正派、实绩突出、群众公认且符合一定条件的特别优秀的村干部，经相关组织部门推荐考察通过后，可优先让其享受政治待遇。特别是一些在基层有特殊贡献、年轻有为、符合条件的村干部，可以参照乡镇机关干部标准给予职级补助，并酌情调到乡镇任职，充实乡镇领导班子。也可以推荐政治素质好、参政议政能力强的优秀党员村干部作为各级党代会代表、人大代表、政协委员人选。通过拓宽发展空间、打通发展通道、增强基层岗位吸引力，让村干部工作更有劲头。

（三）着力改善办公条件

村级办公活动场所是村级各个组织和党员干部集中学习、开展活动的主要阵地，是为村民提供便民服务的重要场所。各地要结合自身财政实际，适当提高村级组织运转经费保障标准，将村级组织运转经费纳入财政预算，使村党组织真正做到有钱办事。如广州白云区，高度重视改善村级办公条件。从2018年起，全区每村每年办公经费从2.2万元整体提高到5万元，由区、乡（镇）按照财政承担比例足额拨付，进一步整合村级活动场所资源，彰显党建元素，强化政治引领，推动各领域基层党员活动阵地建设，完善其党性教育、服务发展、议事决策、学习培训、开展活动、展示成果6项基本功能。

第三节　加强新时代农村党员队伍建设

农村党员是党联系农民的桥梁和纽带，他们的形象代表了党和政府在农民群众心中的直接印象，他们形象的好坏直接影响着广大农民对党和政府的信任和支持。农村党员队伍建设，事关乡村振兴战略的成败，事关决胜全面建成小康社会在广大农村的最终实现。因此，必须切实加强农村党员队伍建设，从严从实抓好党员教育，提升党员素质能力，优化党员队伍结构，更好发挥党员先锋模范作用。

一、加强党员教育，提高农村党员综合素养

抓好农村党员教育培训，是党的基层组织建设的迫切要求，是建设社会主义新农村的需要，也是为乡村振兴提供充足的、持续的智力支持和人才保证的有效载体。新时代的农村党员教育培训工作，必须多渠道、多层次、多途径、多方式，要在思想政治上抓坚定，要在生产技能上抓提升，要在为民奉献上抓服务，要把农村党员培养成致富能人，要让农村党员具备引领农村未来发展的能力。加强党员教育的方法如图6－2所示。

（一）突出政治学习

要着力解决好部分农村党员理想信念动摇、党性观念淡薄、思想愚昧落后等问题。现阶段，对农村党员要推进“两学一做”学习教育常态化，积极开展政治理论知识培训，特别是加强对习近平新

图 6-2　加强党员教育的方法

时代中国特色社会主义思想的学习，强化农村党员干部服务群众的意识。要帮助农村党员认清形势，提高政治鉴别力，自觉树牢“四个意识”，坚定“四个自信”，坚决维护习近平总书记党中央的核心、全党的核心地位，维护党中央权威和集中统一领导，始终自觉在思想上政治上行动上同以习近平同志为核心的党中央保持高度一致，切实带头贯彻执行党的路线方针政策。要充分利用“三会一课”“固定党日”等组织活动，讲清党员的权利和义务，以及党章党纪党规、群众工作、党建工作等党务知识，增强广大农村党员的党性意识，让广大农村党员明白该做什么、不该做什么，从而进一步严格要求自己，努力做到踏实干事，用心工作，发挥党员的先锋队作用。

（二）强化技能培训

按照“缺什么、补什么”的原则，紧密结合农村党员特点开展教育，把开展农村党员教育与解决党员生产生活实际问题相结合，着重解决农村党员普遍存在的创业无技能、发展缺动力等问题，充分利用农闲时间开展农民实用技术培训，增强农村党员群众的技能，加快党员的知识更新，优化知识结构。要依托县级党校、职教中心和远程教育平台，实施农村党员创业技能培训工程，实行“菜单式”培训，体现培训的实用性需求。要依托乡镇党校，组织农业技术人员与农村党员进行面对面的培训，开办“田间课堂”。同时还要开展法律、经济等知识的培训，不断增强农村党员队伍贯彻执行党的方针政策的能力、依法办事的能力、依靠科技致富的能力和应对市场经济的能力，积极倡导健康向上的生活方式。

（三）转变培训方式

过去，农村党员提高素质，常规做法是组织他们一起学习，对他们进行政治理论、党的知识等教育。这种形式单一的教育培训，效果不够好。现在，我们不断改进教育培训方式，提高培训效率，使培训取得实实在在的效果。在载体上，要充分利用农村远程教育终端站点、QQ群、微信群等网络社交平台；也可以走出去，到新农村建设示范点参观学习，大力实行开放式教育培训。在时间上，要充分利用冬春农闲时间，对广大农村党员集中进行比较系统的教育培训；针对流动党员，则可以利用他们在春节等重大节日返乡之际，集中开展学习。在层次上，组织党校教师、科技人才、种植养殖大户、农村土专家等进村入户，对农村党员分组分层次开展党的方针政策、法律法规、科学技术、实用技能等方面的教育培训，把课堂搬到田间地头，做到活教活学活用，切实增强教育培训的实效性。

二、严格党的组织生活，增强党的组织活力

党的组织生活是党支部对党员实施教育、管理和党内监督的主要途径，是党的自身建设的一项基础性工作。组织生活的质量，直接关系到党员队伍素质的提高和支部战斗堡垒作用的发挥。当前，随着市场经济的快速发展，部分农村党员对党组织认识模糊，对组织生活不够重视，导致组织生活出现诸多问题，必须引起高度关注。

（一）严格执行“三会一课”制度

“三会一课”制度作为党在长期实践中形成的好传统、好做法，必须坚持和继承，同时要立足新时代新实际，不断从内容、形式、

载体、方法、手段等方面进行改革创新，增强吸引力和感染力。要教育引导党员按照“三会一课”的制度要求，积极参加党的活动，接受党组织的教育，行使讨论决定党内事务和监督其他党员的权力。要加强对农村党支部“三会一课”活动的规范和指导，及时发现问题，总结经验，不断提高农村党组织“三会一课”的活动质量。如甘肃省临泽县，统一编印《党支部“三会一课”记录簿》，为农村党支部开展工作提供指导；坚持和完善“三会一课”制度，将每月15日定为农村“党员固定活动日”；实行“三会一课”报备、审批制度，全面推行乡镇党委派员指导村级组织生活制度，规范指导农村党支部党的组织生活；每月组织专门力量，采取不发通知、不打招呼、不听汇报、不用陪同接待、直奔基层、直插现场的方式，加大督察力度，推动组织生活规范化落实。

（二）开好党员民主生活会和民主评议党员会

村级党组织每年至少召开一次民主生活会，由党支部书记召集，党员村干部带头参加，普通党员要积极参加。要提高民主生活会的质量，采取灵活多样的会议形式，增加民主生活会的吸引力，提高党员参与度。要严格执行民主生活会报告制度，各村召开民主生活会前向上级党委上报计划，会后上报会议记录、整改措施等资料，上级党委备案。年底，要组织召开党员大会，并邀请本村非党的村干部、村民代表等参加，进行党员民主评议工作，党员民主评议结果要公开。要管好两头，先进党员要做好示范引领；后进党员要落实帮教措施，促其改正。对经教育不改的后进党员和违纪党员，按党内有关规定作出处理。

（三）创新支部主题党日活动

党日活动作为农村党员受教育、增强党员意识的重要载体，要不断创新活动内容，坚持开展多种形式的主题党日活动，切实丰富农村党员的组织生活。要创新支部主题党日活动形式，丰富活动组织方式，绝不能将活动随意化、形式化、庸俗化、娱乐化，更不能借活动之名行娱乐之实，必须以严的态度、活的形式、高的标准、实的作风，在组织上下功夫，在活动上做文章，确保支部主题党日活动取得实效。如武汉市黄陂区蔡官田村，严格按照武汉市委组织部《关于全面推行“5＋N”模式进一步深化“支部主题党日”活动的通知》文件要求，认真落实“支部主题党日”有关要求，完成按月缴纳党费、集中诵读党章、集中学习研讨、联系实际讲党课、落实公开制度等5项规定动作，并创新开展“党日＋生日”自选动作，切实增强支部主题党日活动的吸引力、感染力。要通过开展支部主题党日活动，切实增强农村党组织和党员的政治责任感，强化党员意识、党性观念，真正让党员得到锻炼、受到熏陶。

【深度思考】

1. 改革开放40多年来，我们始终把加强和改善党对农村工作的领导作为推进农村改革发展的政治保证，坚持党在农村的基本政策不变，坚持党管农村工作的优良传统不丢，使农业农村发展沿着社会主义市场经济这条康庄大道不断开创新局面。在乡村振兴过程中，如何把党管农村工作这一重大原则落到实处？

2. “加强基层党组织带头人队伍建设”，是党的十九大报告所提出的明确要求。加强基层党组织带头人队伍建设，是解决基层组织建设问题的总抓手，基层党组织带头人作用发挥得好不好，直接影响基层党组织这个战斗堡垒强不强、广大党员先锋模范作用能不能充分发挥。当前，农村基层党组织带头人队伍建设面临哪些困境？如何破解？

3. 农村党员是党员队伍的主体，所占的比例最大。抓好农村党员教育管理，对于推动全面从严治党向农村基层延伸、巩固党在农村的执政根基、推进农村改革发展稳定具有重大意义。新时代如何切实抓好农村党员教育管理工作？如何发挥基层党员的先锋模范作用？

第七章

准确把握乡村振兴中的人才振兴

千秋基业，人才为本。习近平总书记在十九届中央政治局第八次集体学习时的讲话中指出，实施乡村振兴战略，各级党委和党组织必须加强领导，汇聚起全党上下、社会各方的强大力量。同时强调，人才振兴是乡村振兴的基础，要创新乡村人才工作体制机制，充分激发乡村现有人才活力，把更多城市人才引向乡村创新创业。新时代，农村是充满希望的田野，是干事创业的广阔舞台。

第一节　人才振兴是乡村振兴的关键因素

乡村振兴战略的总目标、总方针、总要求、制度保障、首要任务如图 7-1 所示。

乡村振兴，人才先行。人才振兴是乡村振兴的关键因素。俗话说戏好要看唱戏人，如果没有一批符合需要的乡村人才，实现乡村振兴只能是空话。因此，2018 年中央一号文件以习近平新时代中国特色社会主义思想为指导，全面贯彻落实党的十九大精神，提出了“实施乡村振兴战略，必须破解人才瓶颈制约”的要求。加强懂农业、爱农村、爱农民的“三农”工作队伍建设，必须把人力资本开发放在首要位置，畅通智力、技术、管理下乡通道，造就更多乡土人才，聚天下人才而用之。2019 年中央一号文件再次指出，要建立“三农”工作干部队伍培养、配备、管理、使用机制，落实关爱激励政策，引导各类人才投身乡村振

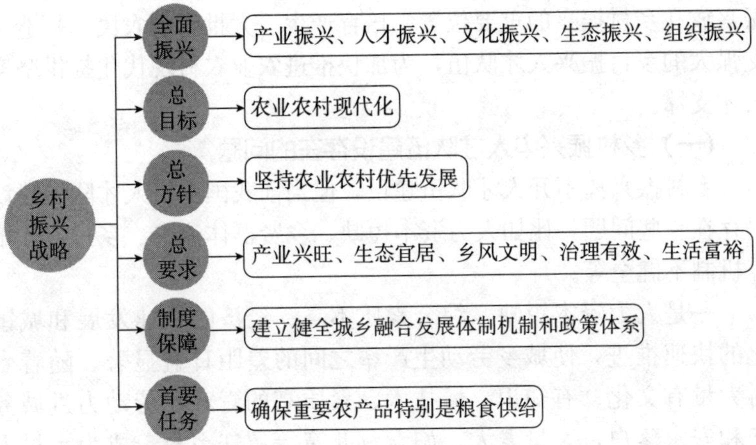

图 7-1　乡村振兴战略的总目标、总方针、总要求、制度保障、首要任务

兴，并要求抓紧出台培养懂农业、爱农村、爱农民的“三农”工作队伍的政策意见。

一、推动乡村振兴需补齐“人才短板”

习近平总书记指出，即便我国城镇化率达到 70%，农村仍将有 4 亿多人口。如果在现代化进程中把农村 4 亿多人落下，到头来“一边是繁荣的城市、一边是凋敝的农村”，这不符合我们党的执政宗旨，也不符合社会主义的本质要求。农村现代化既包括“物”的现代化，也包括“人”的现代化，还包括乡村治理体系和治理能力的现代化。我们要坚持农业现代化和农村现代化一体设计、一并推进，实现农业大国向农业强国跨越。

乡村兴则国家兴，乡村衰则国家衰。农业农村现代化是实施乡村振兴战略的总目标。没有农业农村现代化，就没有整个国家现代化。实施乡村振兴战略是新时代做好“三农”工作的总抓手。人才振兴是乡村振兴的基础，要创新乡村人才工作体制机制，充分激发乡村现有人才活力，把更多城市人才引向乡村创新创业，补齐“人才短板”。实施乡村振兴战略，必须从根本上树立“人才是第一资源”的理念，充分认识农民在乡村振兴中的主体地位，把乡村人才振兴放在乡村振兴的重要位置，培育产生一大批新型农民，打造一支强大的乡村振兴人才队伍，为加快推进农业农村现代化提供坚实人才支撑。

（一）乡村振兴中人才队伍建设存在的问题

乡村振兴离不开人才队伍建设，但当前我国乡村人才队伍建设仍存在一些问题，比如人力资本短缺、乡贤群体流失、乡村人才培养机制不健全等。

一是人力资本短缺，综合素质不高。经济的快速发展和城镇化的快速推进，使城乡劳动生产率之间的差距日益显著。随着乡村大量有文化、有知识，懂技术、素质高的青壮年劳动力进城务工和安家落户，大量老人、妇女、儿童等留守乡村，成为乡村人口的代表，导致农村人口老龄化、村庄“空心化”“三留守”等问题日益严重，出现了乡村人力资本短缺现象。当前我国乡村人才队伍主要是由乡村能人组建而成，一些乡村能人因为年龄偏大，无论是在知识更新速度、接受新事物能力还是发展视野等方面，都具有一定的局限。乡村人力资本短缺、综合素质不高等问题，使得乡村振兴战略各项政策的落实以及各项工作的开展缺少有力的支撑。

二是乡村人才流失，回流难度大。乡村除了上面提到的留不住人才的问题，还存在引不来、返乡机制不畅的问题。当前，那些改革开放初期流出农村的人才已近退休年龄。这些人有阅历、有能力、有资源，能为乡村经济和文化振兴提供动力。他们有强烈的乡土情结，向往绿水青山，但“甘于清贫，乐于奉献”的观念不足以支撑他们留在农村。由于区位、交通、气候及经济发展、公共服务等没有优势，人才引进无法持续进行。此外，人才返乡在土地、户籍、医保、社保等制度方面的机制不畅也阻碍了乡村人才发展。

三是乡村人才培养机制不健全。乡村振兴的实现要紧紧依靠人才队伍的力量，但当前我国部分乡村地区的人才培养机制尚不健全，缺乏科学性、系统性的机制建设，导致乡村人才流失，影响了乡村振兴战略实施的质量与效率。还有部分乡村地区由于缺少经费，减少对人才培养的资金投入，导致乡村振兴人才队伍建设缺乏后劲。此外，部分乡村地区在人才培养上，不能够充分考虑受众群体的接受能力与理解能力，盲目追求高效、快速的培养效率，导致培养工作流于表面，无法真正发挥作用。

（二）加大对乡村人才的培养与引进力度，补齐“人才短板”

我们应重视基层干部队伍建设，培养高素质农民，引导乡村人才理性流动，加大对乡村人才的培养与引进力度。

首先，重视基层干部队伍建设，发挥引领作用。基层干部有两方面的优势：一是对国家政策了解多、领悟透，对本地区发展规划的掌握比较精准、执行比较到位。二是对本地区的资源禀赋、发展优势以及短板不足较为清楚。因此，各地应当充分发挥基层干部把脉定向的作用。基层干部是党的方针政策的执行者和传达者，只有提升基层干部能力，才能全面推进乡村振兴战略，促进乡村社会和谐发展。

其次，要培育农民自我发展能力，充分发挥农民群众在乡村振兴中的主体地位，培育高素质农民。乡村振兴为了农民，同时也必须依靠农民，这就必须把坚持农民主体地位落实到位，充分调动广大农民群众的积极性、主动性，真正让他们成为乡村振兴的参与者、建设者和受益者。要把政府主导和农民主体有机统一起来，充分尊重农民意愿，激发农民内在活力，教育引导广大农民用自己的辛勤劳动实现乡村振兴

最后，推进乡村振兴战略要引导乡村人才理性流动，加大对乡村人才的培养与引进力度。一是引导乡村人才理性流动，建立科学的人才机制，吸引乡贤回流。针对我国目前存在的乡贤群体流失且回流难度较大等问题，我们应着力吸引乡贤回流，使乡村振兴战略的实施获得乡贤的支持与帮助。二是加大对乡村人才的培养与引进力度。比如，通过健全乡村振兴人才制度，提供政策优惠，引进农村急需的人才，这就要求做好“筑巢引凤”工作，创造条件，吸

引、留住更多的非本土、非乡村人才参与农村建设发展，还应落实人才引进专项编制，出台人才引进特殊补贴、创业支持等优惠政策，完善农村地区的住房、医疗、子女就学等配套服务建设，增强吸引力。

二、要强化“人才为先”在乡村振兴全局中的战略定位

把培养人才和发挥人才作用纳入乡村振兴战略全局之中通盘考虑，努力形成人才队伍建设与农业农村经济社会发展相互促进、良性发展的有利局面；创造有利于各类人才成长和发挥作用的良好环境，形成科学合理的制度安排，把现有农村各类人才稳定好、利用好，充分发挥现有人才的作用；加大培养力度，因材施教，努力打造高水平的农业科研人才队伍，建设扎根服务基层的农技推广人才队伍，培养善于致富带富的农村实用人才队伍，开发富有工匠精神的农业技能人才队伍，壮大充满生机活力的农村创业创新人才队伍。要鼓励引导教育、卫生、科技、农业等专业技术人才“上山下乡”，支持农民工、农民企业家、大中专毕业生、退役军人等各类群体返乡下乡创业就业；全面实施新型农业经营主体带头人培训计划、高素质农民培育工程和农村职业技能提升计划，挖掘培养一批“土专家”“田秀才”；打好“乡情牌”“乡愁牌”，引导支持退休干部、知识分子等“新乡贤”返乡归田，积极参与社会主义新农村的建设、发展和管理。

【知识链接】

对就业重点群体开展职业技能提升培训和创业培训

2019 年 5 月，国务院办公厅发布的《职业技能提升行动方

案（2019—2021年）》明确提出对就业重点群体开展职业技能提升培训和创业培训：面向农村转移就业劳动者特别是新生代农民工、城乡未继续升学的初高中毕业生等青年、下岗失业人员、退役军人、就业困难人员（含残疾人），持续实施农民工“春潮行动”“求学圆梦行动”、新生代农民工职业技能提升计划和返乡创业培训计划以及劳动预备培训、就业技能培训、职业技能提升培训等专项培训，全面提升职业技能和就业创业能力。对有创业愿望的开展创业培训，加强创业培训项目开发、创业担保贷款、后续扶持等服务。围绕乡村振兴战略，实施高素质农民培育工程和农村实用人才带头人素质提升计划，开展职业农民技能培训。

三、要解决“人”的问题，需在“培育”“引进”和“使用”上做文章

人才是乡村振兴的第一资源，要解决“人”的问题，《中共中央 国务院关于实施乡村振兴战略的意见》提出，要把人力资本开发放在首要位置，畅通智力、技术、管理下乡通道，造就更多乡土人才，聚天下人才而用之。其关键就是要造就、引进更多服务乡村振兴的人才，要用好用活乡村各类人才。这就要在“培育”“引进”和“使用”上做文章，下功夫，出实招。把人力资源开发放在首要位置，进一步整合资金资源，完善培训机制和内容，加快培育高素质农民、壮大新型农业经营主体，加强农村专业人才队伍建设，按照懂农业、爱农村、爱农民的基本要求，加强对“三农”工作干部队伍培养、配备、管理、使用，培养一大批乡村本土人才；要以乡情乡愁为纽带，抓好“招才引凤”，建立有效的激励机制，把有志于农业农村发展的各类人才“引回来”，促进各路人才“上山下乡”投身乡村建设；要让城里想为振兴乡村出钱出力的人在农村有为有位、成就事业，让那些想为

家乡做贡献的各界人士能够找到参与乡村建设的渠道和平台，在乡村振兴中大展身手。

【知识链接】

新时代中国社会的主要矛盾

党的十九大报告指出，经过长期努力，中国特色社会主义进入了新时代，这是我国发展新的历史方位。中国特色社会主义进入新时代，我国社会主要矛盾已经转化为人民日益增长的美好生活需要和不平衡不充分的发展之间的矛盾。我国稳定解决了十几亿人的温饱问题，总体上实现小康，不久将全面建成小康社会，人民美好生活需要日益广泛，不仅对物质文化生活提出了更高要求，而且在民主、法治、公平、正义、安全、环境等方面的要求日益增长。同时，我国社会生产力水平总体上显著提高，社会生产能力在很多方面进入世界前列，更加突出的问题是发展不平衡不充分，这已经成为满足人民日益增长的美好生活需要的主要制约因素。

第二节　准确把握乡村振兴对乡村人才提出的新要求

党的十九大提出了实施乡村振兴战略的总要求，就是坚持农业农村优先发展，按照产业兴旺、生态宜居、乡风文明、治理有效、生活富裕的总要求，建立健全城乡融合发展的体制机制和政策体系，加快推进农业农村现代化。产业兴旺、生态宜居、乡风文明、治理有效、生活富裕，每一个方面，都需要相应的乡村人才来支撑，对新时代“三农”工作和农业农村人才工作提出了新的更高要求。

一、产业兴旺对乡村人才提出的新要求

产业兴旺，需要农业经营管理人才（农业职业经理人）、新型职业农民、农业科技人才和农村电商人才的支撑。产业要兴旺，就要大力发展家庭农场、新型农民合作社、农村专业技术协会等新型农业经营主体，这就需要一批知识型、技能型、创新型的农业经营管理人才来启动、协调和推动，还需要一批爱农业、懂技术、善经营的以农业为主业、以农业为主要收入来源，并且生产水平很高的高素质农民来生产。产业要兴旺，就要加快农业转型升级，做大做强优势特色产业，这就离不开农业科技人才的支撑。农业科研人才，主要集中在农业高校和农业研究院所，他们人数不多，但作用巨大。产业要兴旺，还需要农村电商这种新业态的支撑力量。所以，既要懂电商，更要懂农业和农产品，懂得农产品市场经营的农村电商人才，也是急需的特殊人才。

二、生态宜居对乡村人才提出的新要求

建设生态宜居的美丽乡村，需要环境治理人才和乡村规划人才（具体包含规划、建筑、园林、景观、艺术设计等人才）的支撑。建设生态宜居的美丽乡村，就是要牢固树立和践行“绿水青山就是金山银山”的理念，坚持尊重自然、顺应自然、保护自然，统筹山水林田湖草系统治理，加强农村突出环境问题综合治理，建设生活环境整洁优美、生态系统稳定健康、人与自然和谐共生的生态宜居美丽乡村。而其中的关键就是要改善农村人居环境，重点做好垃圾污水处理，完成“厕所革命”，实现村容村貌提升。相应地，环境治理和乡村规划这两个方面的人才，必不可少。农村人居环境整治坚持的原则如图 7－2 所示。

三、乡风文明对乡村人才提出的新要求

实现乡风文明，需要文化传播人才的支撑。中共中央国务院印

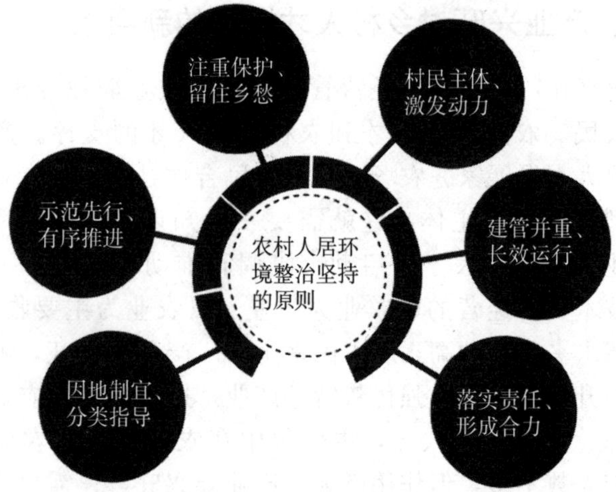

图 7-2　农村人居环境整治坚持的原则

发的《乡村振兴战略规划（2018—2022 年）》提出，要坚持以社会主义核心价值观为引领，以传承发展中华优秀传统文化为核心，以乡村公共文化服务体系建设为载体，培育文明乡风、良好家风、淳朴民风，推动乡村文化振兴，建设邻里守望、诚信重礼、勤俭节约的文明乡村。其关键就是要传承发展中华优秀传统文化，使之深入人心，落实到每个人的行动上。这就需要文化传播人才用有效的文化传播方式，进行文化熏陶。

四、治理有效对乡村人才提出的新要求

构建乡村治理新体系，需要乡村管理人才的支撑。乡村振兴，治理有效是基础。乡村治理是国家治理的基石，必须坚持自治、法治、德治相结合，确保乡村社会充满活力、和谐有序。这就对以村“两委”干部为核心的乡村基层管理人才提出了新要求，要具备较高的促进乡村自治、法治、德治的能力。

五、生活富裕对乡村人才提出的新要求

实施乡村振兴战略，是解决人民日益增长的美好生活需要和不

平衡不充分的发展之间矛盾的必然要求，是实现“两个一百年”奋斗目标的必然要求。经济发展了、生活富裕了，人才的重要性愈发凸显。只有不断推动人才振兴，才能培育出乡村振兴的生力军。随着社会主要矛盾的变化，农民收入的不断提高，基础设施条件的不断改善，农民在物质生活方面的水平不断提高，在民主、法治、公平、正义、安全、环境等方面的要求日益增长，在就业、教育、医疗、居住、养老等方面的人才需求数量越来越多，在乡村振兴中对人才的要求也越来越高。要发挥人才示范引领，把广大农民对美好生活的向往转化为推动乡村振兴的动力，把维护广大农民根本利益、促进广大农民共同富裕作为出发点和落脚点，让广大农民参与到乡村振兴战略实施中，将乡村振兴变成广大农民共同的责任和要求。

农村是整个社会的一个部分，所需要的各个方面的人才类型很多。其中有些人才，来自于农业农村内部，而另外一些人才，则主要是来自农业农村外部的支持，例如科研人员、环境治理人员、景观设计人员等。各方面人才共同努力，乡村振兴才能行稳致远。

【知识链接】

致天下之治在人才

“致天下之治者在人才”“功以才成，业由才广”，人才是治国的基础，是事业成败的关键。党的十八大以来，习近平总书记关于人才有非常多的论述，“国势之强由于人”“聚天下英才而用之”“要树立强烈的人才意识，寻觅人才求贤若渴，发现人才如获至宝，举荐人才不拘一格，使用人才各尽其能”，充分彰显了习近平总书记强烈的人才意识。

什么是人才？习近平总书记的用典是“才者，德之资也；德者，才之帅也”。爱国爱民、理想信念、实干肯干、改革创新、责任担当，这是五条选拔人才的标准。

怎么培养人才？习近平总书记的用典是“宰相起于州部，猛士起于卒伍”。成才离不开读书学习、成才离不开锻炼，注重营造良好的人才成长环境和氛围。

如何使用人才？习近平总书记的用典是“盖有非常之功，必待非常之人”。坚持正确的用人导向、用人所长避其所短、不拘一格是三个任用人才的要素。

第三节　创造有利于各类人才成长、发挥作用的良好环境

乡村人才振兴的关键，就是要让更多人才愿意来、留得住、干得好、能出彩，人才数量、结构和质量能够满足乡村振兴需要。为此，要创造有利于各类人才成长、发挥作用的良好环境，要有一个好的制度安排，把现有的农村各类人才稳定好、利用好，充分发挥现有人才的作用。

一、培养过硬的乡村基层干部队伍

科技是第一生产力，人才是第一资源。着力推进乡村振兴跨越发展，关键在党，关键在人，关键在于锻造一支能够敢思敢闯、担当重任、勇立潮头的高素质基层干部队伍。让新时代的干部去引领新时代的社会发展，推动新时代乡村振兴，首要任务是培养乡村干部队伍。因此，要引导乡村基层干部有勇气、有担当；立足实际的踏实与勤奋；开放开拓的眼界与思维。乡村基层干部要抛弃“急功近利”的政绩观，不搞不切实际的面子工程；转变干部作风，切实为乡村百姓做好事、做实事。乡村基层干部只有不忘投身乡村振兴事业的初心，才能砥砺前行。

二、全面建立职业农民制度，大力培育高素质农民

全面建立职业农民制度，完善配套政策体系。实施新型职业

农民培育工程、新型职业农民学历提升工程和新型职业农民培育信息化建设工程。支持涉农职业院校开展新型职业农民学历教育，面向专业大户、家庭农场经营者、农民合作社负责人、农业企业经营管理人员、农村基层干部、返乡下乡涉农创业者、农村信息员和农业社会化服务人员等，采取农学结合、弹性学制、送教下乡等形式开展农民中高等职业教育。创新培训机制，支持农民专业合作社、专业技术协会、龙头企业等主体承担培训工作。引导符合条件的新型职业农民参加城镇职工养老、医疗等社会保障制度。同时，鼓励各地开展职业农民职称评定试点。新型职业农民重点培育对象如图 7-3 所示。

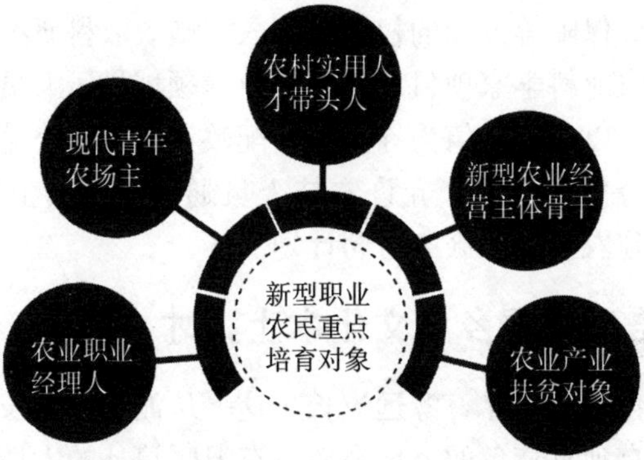

图 7-3 新型职业农民重点培育对象

三、加强农村专业人才队伍建设

2019 年中央一号文件《中共中央 国务院关于实施乡村振兴战略的意见》对“加强农村专业人才队伍建设”作出明确要求，具体指出：“建立县域专业人才统筹使用制度，提高农村专业人才服务保障能力。推动人才管理职能部门简政放权，保障和落实基层用人主体自主权。推行乡村教师‘县管校聘’。实施好边远贫困地区、边疆民族地区和革命老区人才支持计划，继续实施‘三支一扶’、特岗教师计划等，组织实施高校毕业生基层成长计划。支持地方高等学校、职业院校综合利用教育培训资源，灵活设置专业（方向），创新人才培养模式，为乡村振兴培养专业化人才。扶持培养一批农业职业经理人、经纪人、乡村工匠、文化能人、非遗传承人等。”

四、发挥科技人才支撑作用

随着我国进入高质量发展阶段，全球新一轮科技革命和产业变革的浪潮奔腾而至，科技兴农需求紧迫、形势逼人。2018 年中央一号文件《中共中央 国务院关于实施乡村振兴战略的意见》明确要求，全面建立高等院校、科研院所等事业单位专业技术人员到乡村和企业挂职、兼职和离岗创新创业制度，保障其在职称评定、工资福利、社会保障等方面的权益。深入实施农业科研杰出人才计划和杰出青年农业科学家项目。健全种业等领域科研人员以知识产权明晰为基础、以知识价值为导向的分配政策。探索公益性和经营性农技推广融合发展机制，允许农技人员通过提供增值服务合理取酬。全面实施农技推广服务特聘计划。

五、培育挖掘乡土文化本土人才

乡土文化意蕴丰厚，源远流长。这一从泥土中生长出来的古老文化形态，有独具特色的乡风乡俗，有温暖淳朴的人情人性，有历史悠久的古村古建，也有惊艳时光的传统技艺。农村是我国传统文明的发源地，乡土文化的根不能断，农村不能成为荒芜的农村、留守的农村、记忆中的故园。在现代化进程中，乡土文化不仅没有随着农耕文明的逝去而成为过去，反而在人文、美学、经济等诸多方面都产生了深刻的影响，彰显出了璀璨的价值。乡土文化具有人文价值，催生人们对家乡的认同感，并塑造人们的价值观。乡土文化是一个精神原乡，呼唤着人们深情归依。乡土文化的人文价值中最值得一提的是它的审美价值，乡土文化中蕴含着丰富的美学价值，能够满足现代人多样化的审美需求，给予人美好的视觉享受和精神体验。乡土人才主要是指扎根和活跃在民间传统工艺、现代实用技术、古建园林技艺等领域，掌握特殊技艺的能工巧匠、善于开拓创新的经营能人、拥有一技之长的生产能手。要振兴乡村发展，需抓好本土人才这一丰富资源，着力培养发展本土人才的优势。一是本土人才对本土乡村乡情风俗、人文历史都有深入的了解，培养本土人才热爱乡村、扎根乡村的热情，培养本土人才干事创业的激情；二是让培养本土人才在乡村振兴中发挥更大作用，需培养本土人才的理论知识和实践技能，发挥理论与实践相结合，共性与个性相结合的特点；三是在培养本土人才发挥作用的同时，还要积极想办法留住本土人才，通过完善相应机制，提高政策待遇，发挥乡土乡情的人文力量，更好地让本土人才“拿得出”且“留得住”。因此，加强农村公共文化建设，重要任务之一就是培育挖掘乡土文化本土人才。

六、鼓励社会各界投身乡村建设

2018 年中央一号文件《中共中央 国务院关于实施乡村振兴战略的意见》明确提出要“鼓励社会各界投身乡村建设”，具体来说：“建立有效激励机制，以乡情乡愁为纽带，吸引支持企业家、党政干部、专家学者、医生教师、规划师、建筑师、律师、技能人才等，通过下乡担任志愿者、投资兴业、包村包项目、行医办学、捐资捐物、法律服务等方式服务乡村振兴事业。研究制定管理办法，允许符合要求的公职人员回乡任职。吸引更多人才投身现代农业，培养造就新农民。加快制定鼓励引导工商资本参与乡村振兴的指导意见，落实和完善融资贷款、配套设施建设补助、税费减免、用地等扶持政策，明确政策边界，保护好农民利益。发挥工会、共青团、妇联、科协、残联等群团组织的优势和力量，发挥各民主党派、工商联、无党派人士等积极作用，支持农村产业发展、生态环境保护、乡风文明建设、农村弱势群体关爱等。实施乡村振兴‘巾帼行动’。加强对下乡组织和人员的管理服务，使之成为乡村振兴的建设性力量。”

【知识链接】

中国梦

习近平总书记把“中国梦”定义为实现中华民族伟大复兴，就是中华民族近代以来最伟大的梦想。他认为这个梦想，凝聚了几代中国人的夙愿，体现了中华民族和中国人民的整体利益，是每一个中华儿女的共同期盼。今天，我们比历史上任何时期都更接近、更有信心和能力实现中华民族伟大复兴的目标。团结带领全国各族人民在中国特色社会主义道路上全面建成小康社会，进而全面建成社会主义现代化强国、实现中华民族伟大复兴，是新时代中国共产党的历史使命。2020 年，已经全面建成小康社会，实现了第一个百年奋斗目标。从 2020 年到 21 世纪中叶可以分两个阶段来安排：第一个阶段，从 2020 年到 2035 年，在全面建成小康社会的基础上，再奋斗 15 年，基本实现社会主义现代化。第二个阶段，从 2035 年到 21 世纪中叶，在基本实现现代化的基础上，再奋斗 15 年，把我国建成富强民主文明和谐美丽的社会主义现代化强国。

七、创新乡村人才培育引进使用机制

建立自主培养与人才引进相结合，学历教育、技能培训、实践锻炼等多种方式并举的人力资源开发机制。建立城乡、区域、校地之间人才培养合作与交流机制。全面建立城市医生教师、科技文化人员等定期服务乡村机制。研究制定鼓励城市专业人才参与乡村振兴的政策，强化城乡人才流动的制度性供给。

乡村振兴，人才是关键。实施乡村振兴战略，必须以习近平新时代中国特色社会主义思想为指导，全面贯彻党的十九大和十九届二中、三中全会以及中央经济工作会议精神，准确把握乡村振兴对乡村人才提出的新要求，创造有利于各类人才成长、发挥作用的良好环境，强化五级书记抓乡村振兴的制度保障，培养一支懂农业、爱农村、爱农民的“三农”工作队伍。

【深度思考】

1. 党的十九大顺应时代前进潮流，准确把握发展大势，作出中国特色社会主义进入了新时代的重大政治判断。阔步迈入新时代，如何认识我国发展新的历史方位和社会主要矛盾变化？

2. 习近平总书记在党的十九大报告中指出，推动城乡义务教育一体化发展，高度重视农村义务教育。这是以习近平同志为核心的党中央对我国教育事业具有战略意义的政策导向。如何理解推动城乡义务教育一体化发展，高度重视农村义务教育？

3.《中共中央 国务院关于实施乡村振兴战略的意见》提出，“汇聚全社会力量，强化乡村振兴人才支撑”，要求把人力资本开发放在首要位置，畅通智力、技术、管理下乡通道，造就更多乡土人才，聚天下人才而用之。如何理解实施乡村振兴战略，必须破解人才瓶颈的制约？

第四节 河南乡村人才振兴的路径及对策

人才是乡村振兴的基础，是强农兴农的根本，是实现农业农村现代化的关键。河南是人口大省，离人才大省的目标还有一些距离，尤其是农村人才短缺已经成为制约农业农村发展和乡村振兴战略实施的瓶颈。立足农业大省发展实际，强化乡村振兴人才支撑，打造一支真正懂农业、爱农村、爱农民的人才队伍，显得尤为迫切和重要。

一、河南推动乡村人才振兴的做法和成效

近年来，河南高度重视乡村人才建设，制定了《河南省推动乡

村人才振兴行动方案（2018—2020年）》等指导性文件，着力整合各类资源，突出加强农村“急需紧缺”人才队伍建设，为实施乡村振兴战略和促进农业农村现代化提供了有力的人才支撑和智力保障。

（一）紧扣基层需求，建设专业技术人才队伍

1. 开展省博士服务团等专家人才选派工作

河南组织省属高等院校、科研院所与全省各县进行对接，派驻契合当地农业农村发展需求的人员。自2001年启动该项工作以来，已累计选派16批1 149名博士服务团成员到农村基层一线挂职服务锻炼。

2. 积极推进科技特派员工作

2018年6月以来，河南成立了省科技特派员助力脱贫攻坚“十百千”工程领导小组，全省共组织选派科技特派员5 000多名，组建省产业科技特派员服务团54个，开展技术服务10多万次，示范推广新品种新技术6 000多项。其中，平顶山组建了林果、养殖、种植等17个科技专家特色服务团，对接帮扶贫困村468个，累计指导发展香菇、木耳等特色产业369户，解决技术难题551个，推广新技术119次，培训贫困群众超过3.5万人。

3. 柔性引进高层次人才

柔性引进打破了传统的地域、户籍、人事等因素对人才流动的限制，在解决人才需求方面更具有灵活性。比如，开封与中国农业大学合作建设中国农业大学开封实验站，建成成果转化基地18个、新农村与产业示范基地7个，引进农作物新品种157个；伊川县引进了西北农林科技大学肉牛研究中心团队、中国农业科学院国家谷子产业技术体系团队、法国农业部生猪研究院等，财政每年列支2 000万元用于产业科技提升和示范带动。

（二）聚焦能力提升，打造乡村本土人才队伍

1. 加强农村技能人才队伍建设

河南依托“阳光工程”“雨露计划”等培训工程，不断加强农村技能人才的培养，着力提高农村群众的致富能力。加快发展高等

农业职业教育，在资金、项目等方面给予倾斜，实行高等院校涉农专业免学费政策，提高农业职业院校生均拨款标准。2019 年初，河南面向全省贫困地区职业院校遴选出了首批 10 个“乡村振兴技能人才培养示范基地”和 20 个“乡村振兴技能人才培养示范专业点”，并于当年 6 月进行了第二批乡村振兴技能人才培养示范基地、专业点的遴选。

2. 加强农村专业技术人才队伍建设

河南启动实施了地方师范生免费教育政策试点，并继续对 26 个连片特困县义务教育阶段乡村教师按月发放生活补助，通过特岗招聘、公开招聘等形式为农村中小学补充教师。在全省实施城乡医院对口支援帮扶计划，实施对口精准帮扶全覆盖。

3. 加强农村实用人才队伍建设

积极开展农村实用人才带头人示范培训，以提高科技素质、职业技能和经营能力为核心，“面对面、手把手”培训基层农业技术人员、企业骨干、农民等农村各类实用人才 27.9 万人次。驻马店通过开展“千名专家帮千村”活动，培育新型农村实用人才 5 万余人次，推广新品种、传授新技术 260 多项。

4. 加强农村电商人才队伍建设

河南积极建设农村电商人才培训和实践基地，强化电子商务在职培训，提高了涉农企业不同层次人才的电子商务专业技术应用能力。以商丘宁陵县为例，通过实施电商人才培养工程，建设科创电商产业园，已经入驻优质企业 65 家，成功孵化电商企业 50 多家，培养电商人员超过 1 300 人，建设村级电商扶贫服务站 200 多个。

（三）强化技能培训，培育高素质农民队伍

河南深入实施高素质农民培育工程，对接农民需求，大力开展知识技能培训，近年来高素质农民培育工作一直走在全国前列，规划到“十三五”末高素质农民规模达到 100 万人。目前，河南各地高素质农民培育工作在学员遴选、组织实施、体系完善、培育机制、模式创新等方面取得了一定成效。如，济源市初步形成了教育培训、认定管理、后续服务、政策扶持“四位一体”的培育模式；

伊川县围绕谷子、花椒、仿野生平菇种植、肉牛繁殖和养殖开展技能培训，指导创业近万人；商城县其鹏茶叶专业合作社通过创办大别山茶农学院，成为高素质农民培育基地，免费培训茶农近 1.2 万人次，2019 年被中国农业农村部授予“国家级示范合作社”称号；夏邑县把农民教育培训和农业产业发展、脱贫攻坚相结合，积极发展食用菌产业，种植反季节蔬菜、西瓜等，农民素质的提升促进了现代农业产业的发展。

（四）实施“凤还巢”工程，壮大返乡创业人才队伍

河南高度重视农民工返乡创业工作，各地积极出台“凤还巢”优惠政策和企业带贫激励措施，鼓励外出务工人员回乡创业。据河南省人力资源和社会保障厅统计，2019 年 1—9 月，河南省新增返乡下乡创业人员 17.18 万人，返乡下乡创业人员总量达到 141.3 万人，比 2018 年同期增加 22 万人。全省返乡创业已由早期的零星分布、规模较小发展为产业集聚、量质齐升，“输出一人、致富一家”的打工效应正逐步转变为“返乡一人、带富一方”的创业效应。伊川县向本县在外成功人士广泛宣传扶贫产业规划和优惠政策，通过亲情感召、产业带动，扶持返乡致富带头人 150 名，其中纳入村后备干部库 89 人，带动了 3 200 户贫困户增收；宜阳县是“河南省农民工返乡创业示范县”，仅 2019 年前 9 个月就有 2 800 余人返乡创业，自 2018 年至今，返乡创业农民工已创办各类经济实体 4 000 余家，带动约 2 万人就业；虞城县是全国“农民工返乡创业试点县”，通过建立返乡人才创业服务中心，制定创业场地、税收优惠、金融信贷、就业扶持等政策，引导在外人才返乡创业就业，累计发放担保贷款 1.45 亿元，扶持各类返乡创业人才 1.26 万人，扶持创办各类企业 8 567 家，带动就业 5.3 万余人；淮阳县对符合条件的返乡创业农民工给予最高 15 万元的创业担保贷款，每年发放创业贷款 5 000 万元以上，有效解决了返乡创业人员融资难题。

二、河南推动乡村人才振兴存在的问题及原因

在乡村振兴战略实施过程中，人才发挥了重要作用，但乡村人

才发展的数量和质量还远不能适应新时代乡村振兴的迫切需要。

（一）问题

1. 数量短板：总量不足，外流严重

目前河南农村实用人才、高素质农民、农业技术人员等总量较小、占比较低，远远不能满足实施乡村振兴战略的需求。如周口，各类乡村人才总计4.5万多人，仅占全市农业生产经营人员的1.1%，人才缺口达26.25万名。同时，河南农村劳动力和人才外流严重，据河南省人力资源和社会保障厅统计，2019年1—9月，河南农村劳动力转移就业总量为3 035.27万人，比2018年同期增加46.27万人，部分县外出务工人员占农村劳动力比重达到75%以上，农村有一技之长的农民大多选择到城市从事农业生产以外的工作；外出求学的农村学子毕业后也大多选择留在条件优越的大城市就业，返回乡村的更是少数，留守农村的多为妇女、儿童、老人，他们除能从事简单的劳动外不具备创新创业能力，无法肩负乡村振兴重任。

2. 质量短板：技能缺乏，素质不高

河南农村现有人才队伍不仅数量少，而且素质有待提高，农村实用人才、专业技术人才和科技人才整体学历和专业技术职务偏低，年龄偏大，技能较为缺乏。据调研数据显示，全省农村实用人才中具有大专及以上学历的仅占5.7%，小学及以下学历的占62.5%，技能带动型人才仅占总数的9.9%；农村专业技术人才中具有高级职称的仅占19.6%，具有硕士以上学历的仅占4.9%；农业科技人才中具有高级职称的仅占7.3%，具有硕士以上学历的仅占2%。

3. 结构短板：结构不优，后劲不足

在河南农村人才队伍中，教师、卫生人员占专业技术人才总数的80%以上，而农技推广、资本运营、金融管理、文化创意、乡村旅游、互联网、电子商务等专业人才十分匮乏。这种情况在乡镇一级特别是村一级尤为明显。比如，伊川县卫生医疗行业中高级职称共有115人，只有2人在乡镇。此外，河南农村青年人才队伍建设比较滞后，全省农村实用人才年龄在40岁以上的占65.3%；管

理人才断层趋势明显，大量的青壮年党员外出务工，村干部年龄老化、后备干部不足，人才支撑乡村振兴的后劲不足。

（二）原因

1. 受传统认知和观念影响，人才不愿回农村

在人们的传统社会认知和观念里，农村一直是贫穷、落后的代名词，从事农业生产、当农民是“面朝黄土背朝天”，被认为是没有地位，没有前途，尤其是受过高等教育的农村孩子，终于“跳出农门”了，如果再回到农村工作，特别是从事农业生产，觉得是很丢人、很没面子的事儿，这些观念极大地影响了高层次人才的择业方向，也影响了农村新生劳动力的未来发展。

2. 乡村发展较为滞后，对人才的吸纳承载力不强

在工业化、城镇化加快发展的形势下，城市对农村人才具有虹吸效应，而且城乡发展不平衡，与城市相比，农村工作生活条件特别是发展创业条件差是不可否认的客观事实，在事业平台和个人成长空间方面无法满足人才的需求，导致那些长期在城市工作生活的返乡回流人才望而却步，严重影响和制约了各类人才到乡村基层创新创业。再者，河南农村产业发展质量和水平仍需提升，产业链条短、附加值不高，缺乏人才施展才华的平台，对各类人才尤其是科技创新型人才的吸纳承载力不强。

3. 政策支持不足，人才综合发展环境不佳

近年来，河南省级层面出台的人才政策大致有40多个，但其中具体针对农村人才的并不多，而且主要集中在乡村教师队伍建设上。在政策倾斜、工作推进和舆论导向方面，还缺少让优秀青年人才扎根农村、创业创新的措施。人才引进机制、激励机制、管理机制不够灵活。同时，农村地区人才政策落实“最后一公里”问题突出，有些制度如城镇中小学教师、卫生、农业、林业、水利等系列高级职称评审“凡晋必下”制度，还没有得到有效落实。

三、加快推动河南乡村人才振兴的建议

乡村能不能吸引、留住、用好各类人才，是乡村能否振兴的关

键所在。河南作为农业大省和人口大省，必须树立“人才是第一资源”的理念，结合乡村发展实际，按照“培育一批本土人才、集聚一批高端人才、吸引一批在外人才、选派一批专业人才”的思路，创新乡村人才工作体制机制，充分激发乡村现有人才活力，并把更多人才引向乡村创新创业，真正让各类人才在农村广阔天地大展才华、大显身手。

（一）加强培训，提升农村实用人才素质能力

加快构建乡村人才教育培训体系，整合农业职业院校、农业科研院所、农技推广站等各类教育培训资源，充分发挥高素质农民培育示范基地作用，推进农村实用人才接受职业素质和能力提升教育。根据农村地区产业结构和农民职业特点、知识结构及愿望需求，加大高素质农民培训力度，努力打造一支数量充足、结构合理的“有文化、懂技术、善经营、会管理”的高素质农民队伍。

积极培育以青年农场主、优秀家庭农场主、新型农业经营主体负责人等为重点的农村人才带头人，每年选一部分农村实用人才带头人到省内高校、农业企业、科研院所、农业职业院校等学习锻炼，接受职业教育，或者到省外、国外参观学习，吸收先进的经营管理理念。加强乡村人才创业培训，充分利用各类培训资源，开设创业培训课程，组织乡村人才到先进地区观摩考察，激发创业意愿，增强创业本领。围绕河南粮食生产核心区建设的需要，努力造就一批高水平农业科研领军人才和创新团队，充分发挥科技和人才在农业增产中的主导作用，为国家粮食安全做出新贡献。

（二）做大增量，引导城市人才服务乡村发展

加快实施乡村振兴专业技术人才支持计划，进一步深化拓展科技特派员助力乡村振兴“十百千”工程以及选派博士服务团成员到基层一线挂职服务锻炼，通过项目带动、技术支持，促进产学研成果推广转化，助力脱贫攻坚、服务农村经济社会发展。深入实施“特岗教师计划”和乡村教师支持计划，鼓励城镇学校优秀教师到乡村学校进行轮换支教，加大体音美、外语、信息技术等紧缺薄弱学科教师的补充力度。实施医学院校毕业生特招、全科医生特设岗

位、城乡医院对口支援帮扶，为乡村基层引进、培养大批医疗卫生人才。坚持刚性引才与柔性引智相结合，大力汇聚乡村振兴人才智力资源。积极发挥新乡贤的作用，引导和支持企业家、退休党政干部、专家学者、规划师、建筑师、律师、技能人才等通过下乡担任志愿者、捐资捐物、法律服务等方式服务乡村振兴事业。从省内外高校选调一批有志于从事基层工作并有发展潜力的优秀大学毕业生到县乡挂职服务锻炼，为乡村补充高素质管理人才。

（三）筑巢引凤，吸引各类人才返乡创新创业

注重发挥政府主导作用和市场配置人才资源的决定性作用，进一步完善引导人才向乡村流动的政策措施，鼓励和支持通过乡情亲情引才，吸引各类人才返乡创业创新、服务乡村发展，实现“输出打工者，引回创业者，带动就业者”。要加快建立本地在外人才信息库，完善在外人才基本情况、创业就业情况等数据，充分利用人才交流会、招聘会及招商引资会等活动，介绍家乡经济社会发展情况、投资环境，宣传人才优惠政策，激励和引导在外优秀人才回乡发展。建设返乡人才创业创新园区或孵化基地，积极为有返乡创业意愿的人才提供生产、经营场地，提供融资担保、创业指导、人员培训、法律援助等服务。鼓励引导高校毕业生等青年人才回乡下乡创新创业，通过创办农业企业、农业产业合作社等经济实体，带动乡村产业发展和群众致富。

（四）深化改革，优化乡村人才发展的综合环境

构建更加科学规范、开放包容、运行有效的人才政策体系，打破城乡人才流动制度藩篱，加强对农业农村发展急需的教育、卫生、科技、文化人才支援乡村建设的政策引导，完善鼓励各类人才参与乡村振兴的政策措施，加快建立高等院校、科研院所等事业单位专业技术人员到乡村挂职、兼职和离岗创新创业等制度。加快推进建立职业农民制度，探索职业农民的认定及管理办法，明确职业农民制度的基本框架和主要内容，为各地普遍确立和施行职业农民制度提供政策依据。创新乡村人才评价机制，适当放宽长期在乡村工作的专业技术人才的职称评定条件。鼓励农业企业采用股权、期

权、分红、绩效奖励等手段，对在服务乡村振兴中有突出贡献的人才进行奖励；允许科技特派员、博士服务团成员、基层科技人员通过提供增值服务合理取酬。大力宣传人才服务乡村振兴的先进典型，努力营造全社会关心支持乡村人才发展的良好氛围。

第八章

以河南省为例谈乡村振兴与脱贫成果巩固的实践探索

第一节　河南全面推进乡村振兴的做法

作为全国农业大省、农村人口大省，河南省坚持深入贯彻落实习近平总书记关于“三农”工作的重要讲话和指示批示精神，全面实施乡村振兴战略，统筹推进疫情防控和农业农村发展，确保了粮食等重要农产品保障有力，农业基础持续巩固，农村生活条件不断改善，农民收入持续增长，“三农”的“稳定器”和“压舱石”作用得到充分发挥，在决战决胜脱贫攻坚、“十三五”收官之年，交上了一份亮眼的答卷。

一、总体做法

（一）巩固脱贫成果，确保实现脱贫攻坚与乡村振兴有效衔接

截至 2020 年底，河南省 718.6 万名建档立卡贫困人口全部脱贫，53 个贫困县全部摘帽，9 536 个贫困村全部出列，河南省绝对贫困人口实现清零，减贫成效前所未有。

聚焦重点人群和重点地区，河南省健全防止返贫动态监测和帮扶机制，实施精准后续帮扶，围绕收入水平变化和“两不愁三保障”巩固情况，对易返贫致贫人口实施常态化监测预警，做到及时发现、精准施策。全省对有劳动能力的，提供创业、就业等帮扶，帮他们依靠双手勤劳致富；对没有劳动能力的，应保尽保、应兜尽

兜，切实保障他们的生活，让脱贫基础更加稳固、成效更可持续。

发展产业是摆脱贫困的治本之策，也是乡村振兴的长远之计。在封丘县鲁岗镇前岗村的多肉种植基地内，村民孙建蔓忙着对大棚内的多肉植物进行分类管理。依靠多肉植物种植产业的带动，孙建蔓和周边村庄的 300 余户低收入家庭成功实现脱贫致富。聋哑人孙建蔓如今在村里上班，时间灵活，能照顾到两个孩子，每月能拿 1 500元基本工资，再加上政府给的各项补贴和丈夫打零工的收入，家里的日子越来越好了。

坐落在紫云山脚下的襄城县紫云镇雷洞村曾经是远近闻名的贫困村，自脱贫攻坚以来，雷洞村上下齐心，把荒山变成了青山、青山变成了“金山”，通过发展民宿、餐饮、旅游等产业，基本实现“家家无闲人，人人有钱赚”，人均年收入从 2014 年的 2 000 元增长到如今的 1.2 万元，村集体年收入超过 10 万元。

产业兴则脱贫稳，乡村产业发展让数以万计河南农民的日子越过越红火。资料显示，全省大力培育发展带贫主体，有 1 630 个扶贫龙头企业、1.02 万个带贫专业合作社、3 820 个扶贫车间参与带贫；其中，产业发展带动贫困人口 469 万人，占脱贫人口总数的 72.5%，贫困地区基本形成了“一县一业”“一村一品”的发展局面。

针对“一方水土养不好一方人”的问题，“十三五”阶段，河南省累计建设易地扶贫安置点 858 个，25.97 万名易地扶贫搬迁群众住进了新房，实现了“挪穷窝、换穷业、拔穷根”的梦想。

卢氏县兴贤里社区是河南最大的扶贫搬迁社区，居住有扶贫搬迁户 2 757 户，人数达 11 227 人，社区内配套了医院、学校、生活超市等，还建有多个扶贫车间，来解决搬迁群众的就业问题。从卢氏县东明镇深山区搬来的刘娟之前一家靠种 7 亩山地维持生活，搬到这之后不仅分到一套 125 平方米的新房子，而且还就近找到了工作，现在不论是给老人看病，还是孩子上学，都比之前方便多了。

（二）扛稳粮食重任，着力推动农业高质量发展

把解决好吃饭问题摆在“三农”工作的首要位置。近年来，河

南省不负习近平总书记嘱托，坚决扛稳粮食安全重任，经受住新冠肺炎疫情、洪涝灾害、病虫害等多道关口考验，稳住了“三农”基本盘，把粮食生产主动权牢牢抓在自己手中，2020年粮食总产量达682.5万吨，首次跨越675万吨台阶。

商水县张庄镇5万亩高标准农田示范区，田成方、林成网、路相通、渠相连，让人禁不住拿起手机拍下眼前的壮美画面。360°旋转摄像头实时监测着田里庄稼，墒情、苗情、水肥等情况实时查看，点开手机上的软件就能查看小麦长势，还能控制喷灌阀门，实现多阀同浇，省工、省力、省时。有了大数据、云计算等农业科技的保驾护航，种粮大户周群元种起地来得心应手。

周群元的底气来自河南省不折不扣地抓“藏粮于地、藏粮于技”战略的结果。去年以来，商水县在张庄镇实施了灌溉与排水工程、农田防护与生态环境保护工程、水肥一体化及物联网工程等，建设了物联网控制中心、土壤墒情监测站、病虫害防治监测站等。同时，还引导农民合作社、种粮大户等新型经营主体，通过统一供种、供肥、田间管理等进行标准化生产，稳步提升了粮食品质和产量。

目前，河南省1.22亿亩耕地中超过一半实现了“高标准”，到2025年，全省将建成高标准农田超8 000万亩；全省农业科技进步贡献率达到63.3%，农业主推技术到位率达95%以上，主要农作物耕种收综合机械化率达到85.3%，持续实施现代种业提升工程、优质粮食工程，加快建设国家生物育种产业创新中心……河南推进粮食丰产丰收的“底气”越来越足。

除了抓住粮食生产这个核心竞争力之外，河南省还持续深化农业供给侧结构性改革，快速推进十大优势特色农产品基地建设，形成多彩农业新格局。统计数据显示，全省优势特色农业产值占农林牧渔业总产值的比重达57%；优质专用小麦、优质花生种植面积和食用菌、蔬菜、中药材产值均居全国前列，焦作山药、信阳茶叶、西峡香菇、正阳花生、鄢陵花卉等闻名全国。

坚持“粮头食尾”“农头工尾”，河南省大力发展农产品精深加工，壮大肉、面、油脂、乳、果蔬制品等产业集群，推动更多农产品实现由卖原字号向卖制成品转变、由卖普通商品向卖品牌商品转变。多年来，全省培育了双汇、三全等知名企业，涌现了“好想你”“华英”等知名品牌，有力推动了农业产业化发展。

当前，农村一二三产业融合发展让各种新产业新业态层出不穷。立足一产、做强二产、做活三产，河南省积极拓展农业多种功能，大力发展乡村旅游、创意农业、功能农业等新产业新业态，实现乡村经济多元化；大力发展农村电商，完善适应农产品网络销售的支撑保障体系，让更多农产品实现就地“线上增值”、农民实现就地“线上就业”。

（三）立足发展基础，有序实施乡村建设行动

走进楼房林立、干净整洁的兰考县谷营镇曹庄村，处处都能嗅到春天的气息。殊不知，在2015年之前，曹庄村却是“垃圾靠风刮，污水靠蒸发”的另一番景象。当时，曹庄房屋破破烂烂，垃圾荒草遍地，村集体收入为零，考核连续倒数，被乡里两次“请”上台表态。眼看着周边的村庄一个比一个变得美了起来，这让新上任的村支书曹秀俊产生了很大压力。曹秀俊下定决心，“一定要带着村民干出个样子来”。之后，村里的乡亲们在创先争优及各方面政策帮扶下，同心协力使曹庄村的面貌逐渐发生变化：水泥路户户通达，随处可见花坛游园，健身器材设施齐全，清洁饮水通户达院，天然气进村入户……2016年底曹庄村顺利脱贫摘帽，引进的5个扶贫产业项目为村集体带来了源源不断的收入。

与曹庄村一样，在河南省有成千上万个乡村正在变得更加整洁有序、美丽宜居。清理了私搭乱建的旱厕，拆除了房前屋后的羊圈，垃圾不见了，苍蝇也不乱飞了。西平县蔡寨回族乡蔡寨村党支部书记朱顺兴认为，村里有4条马路3条沟渠，不仅清洁工经常打扫，村干部也分有责任段。老百姓之前拎个塑料袋随手就扔，现在是自觉地投进垃圾箱里。

自河南省实施乡村振兴战略以来，全省大力实施农村人居环境整治三年行动，学习借鉴浙江“千村示范、万村整治”工程经验，

统筹推进农村垃圾治理、污水治理、厕所革命、农业生产废弃物资源化利用、村容村貌提升、村庄规划管理等重点任务，农村人居环境水平明显提升。

截至2020年底，河南省行政村通硬化路率达到100%，95%的行政村生活垃圾得到有效治理，农村生活污水治理率达到30%，污水乱排乱放得到有效管控。全省秸秆综合利用率达到90%，废旧农膜综合回收率达到80%，全省规模养殖场粪污设施配套率达到94%，粪污综合利用率达到80%，均高于全国平均水平。全省累计完成无害化卫生厕所改造680余万户，卫生厕所普及率达85%。

立足发展基础，河南省还持续实施乡村建设行动，坚持科学编制乡村规划，因地制宜、分类施策，通盘考虑乡村发展因素，不仅刷新了乡村的外在“颜值”，而且提升了内在“气质”。到2020年底，全省已创建“四美乡村”3 388个、“美丽小镇”224个、“五美庭院”94.6万个；通过实施“千万工程”，选取了1 000个行政村打造农村人居环境整治样板，有效带动全省4万多个行政村人居环境的整体提升。

农村变美，农村的吸引力变得更强了，河南不少地方开始挖掘乡村的生态涵养、休闲观光、文化体验等功能，把“风景”变成“产业”，将“美丽”转化为“生产力”，在乡村振兴中走在了前列。信阳市平桥区打造郝堂村、新集村等望见山水、记住乡愁的特色村落，满眼绿色引来八方游客。

二、开局之年的做法

（一）战疫情夺丰收

2020年是极不平凡的一年，突如其来的新冠肺炎疫情给农业生产、农民生活带来了极大的挑战。全省上下认真贯彻落实省委省政府决策部署，统筹推进疫情防控和农业农村发展，战疫情、夺丰收，把稳粮保供作为重要的政治任务，着力稳政策、稳面积、稳产量，坚决扛稳粮食安全重担。

新冠肺炎疫情期间，滑县白道口镇种粮大户黄国兴一刻也没有闲着。作为当地一名“特聘农技员”，从年初到麦收前，他每天都在“新型职业农民”微信群里做直播，指导群里农户做好“线上”春管。滑县还推出“农管家”服务平台，农民合作社和社会化服务组织提供产前、产中、产后全程化“保姆式”服务，农民手机上“下单”，足不出户就可以完成除草、打药、浇水等田间管理。

麦收之时，该县白马坡高标准农田里麦浪滚滚，机声隆隆，枣村乡西徐营村村民袁斗手捧着刚收获的金黄麦粒，脸上写满了丰收的喜悦，“看看刚打下来的小麦，籽粒饱满，一亩地产量少说也得1 300 斤①，比上年还高七八十斤呢!”

粮食丰收丰产，得益于河南省持续推进高标准农田建设，落实“藏粮于地、藏粮于技”战略。2020 年，河南省新建高标准农田660 万亩，粮食播种面积达 16 108 万亩、超过国家下达的任务，粮食总产达到 682.85 万吨、对全国粮食增产的贡献率达到 23%。主要农作物耕种收综合机械化率达 85%以上。

（二）补短板美乡村

乡村振兴，生态宜居是关键。特别是去年以来，河南省以新冠疫情防控为切入点，加强乡村人居环境整治，以“干干净净迎小康”为主题，开展村庄清洁行动，立足“清”，聚焦“保”，着力“改”，促进“美”，推动村庄长期干净整洁，引导农民群众养成良好习惯，整体提升村容村貌。

春节前，在外工作生活的丁根喜回到老家西平县蔡寨回族乡蔡寨村，惊喜地发现村里“都不认识了”：路两旁私搭乱建的旱厕不见了，房前屋后的羊圈清理了，乱堆乱占的建筑材料没有了，垃圾坑、臭水塘化身“风景线”，村内村外见缝插针栽了许多树。

垃圾巧分类，绿意满乡村。农村人居环境整治三年行动完美收官，农村环境脏乱差彻底扭转，乡村面貌改变幅度居全国前列。

---

① 斤为非法定计量单位，1 斤=500 克。——编者注

一组数据最能说明河南省广大乡村的变化：截至目前，95%的行政村生活垃圾得到有效治理，污水乱排乱放得到有效管控。全省秸秆综合利用率达到 90%，废旧农膜综合回收率达到 80%，全省规模养殖场粪污设施配套率达到 94%，粪污综合利用率达到 80%，均高于全国平均水平。

河南省持续推进“厕所革命”，突出抓好改厕质量，累计完成无害化卫生厕所改造 680 余万户，卫生厕所普及率达到 85%；深入实施“千万工程”，选取 1 000 个行政村打造农村人居环境整治样板，有效带动全省 4 万多个行政村人居环境的整体提升。

农村人居环境改善，广大乡村渐渐变成美丽乡村。昔日垃圾乱堆、污水横流、蚊蝇乱飞、杂物挡道的农村脏乱差现象已经很难看到，长期制约农村的环境问题得到改善，群众满意度保持在 86%以上，为实施乡村振兴战略提供了有力支撑和保障。

（三）拓渠道促增收

“说一千道一万，农民增收是关键。”作为农村人口大省，河南省始终把农民增收作为“三农”中心任务，不断拓展农民增收渠道。2020 年农村居民人均可支配收入达到 16 108 元，同比增长 6.2%，增速连续 9 年高于全省城镇居民平均水平。

——促进农民增收，河南省加快发展优势特色农业，建设十大优势特色农产品生产基地，优质专用小麦发展到 1 533 万亩，优质花生发展到 1 893 万亩，新增肉牛 30.2 万头、奶牛 5.3 万头。

持续提升绿色食品业，做大做强面、肉、油、乳、果蔬五大产业，全省规模以上农产品加工企业 6 207 家，营业收入 1.16 万亿元。共创建 66 个省级以上现代农业产业园、2 个优势特色产业集群、51 个农业产业强镇。

积极发展农村新产业新业态，创建全国休闲农业与乡村旅游示范县 16 个，中国美丽田园 6 处。建设数字乡村，新创建 4 个国家级和 10 个省级数字乡村示范县。加快发展农村电商，在拼多多平台农产品交易额超过 300 亿元。

——促进农民增收，用好深化改革法宝。稳定和完善农村基本经营制度，进一步放活土地经营权，适度规模经营占家庭承包耕地面积所占的比重达到69.3%。加快培育新型农业经营主体，开展农民合作社质量提升整县推进试点，农民合作社发展到19.3万家、家庭农场25万家、农业社会化服务组织达12.5万家，带动小农户农业生产提效率、增效益。

——促进贫困户增收，开展产业扶贫“十大行动”。开展田园增收、养殖富民、旅游扶贫等产业扶贫“十大行动”。全省产业发展带动贫困人口469万人，占脱贫人口总数72.5%，贫困地区基本形成了“一县一业”“一村一品”发展局面。

三、未来谋划落实的主要方向

（一）抓好粮食生产

确保粮食种植面积稳定在1.61亿亩以上，产量稳定在650万吨以上。建设好高标准农田，优先在粮食生产功能区和重要农产品生产保护区布局，今年新建的750万亩年底前大头落地，继续开展示范创建，建立管护运营长效机制。

（二）推动现代畜牧业建设

持续做强生猪产业、做大牛羊产业、做优家禽产业。稳步推进生猪产能恢复，确保今年生猪存栏恢复到4300万头，达到常年水平。大力发展草食畜牧业，做大做强龙头企业，继续实施奶业振兴计划。

（三）提高农业质量效益和竞争力

推动实施乡村产业振兴五年行动计划，持续抓好高效种养业和绿色食品业转型升级。建设好6个国家级、80个省级现代农业产业园，完善国家、省、市、县四级产业园建设体系。实行食用农产品达标合格证制度，探索推广“合格证＋追溯码”管理模式。

（四）发挥好种业优势

开展农业种质资源普查，组织育种联合攻关。促进“产学研推”深度融合，建立以种业龙头企业为主体、科研团队为支撑、首席专家为导向、多企业参与为基础的联合攻关模式，选择有一定育种基础的农作物和畜禽品种开展联合攻关。

（五）加强耕地保护

依托高标准农田建设，积极开展测土配方施肥、高效节水灌溉示范创建，推进机械深耕深翻、秸秆还田等措施，大力推广水肥水药一体化技术。积极推进全省信息管理系统建设，强化农田建设和耕地质量动态监测监管。

（六）提升农业科技和装备水平

优化13个现代农业产业技术体系建设布局及运行机制，大力推广乡村振兴迫切需求的科技成果。推进高素质农民培育。全面推进农业机械化，年底主要农作物耕种收综合机械化水平达86%以上。

（七）推进数字乡村建设

推进乡村产业数字化，建设“数字田园”，发展“数字牧业”，打造智慧农机，实施“互联网+农产品”出村进城工程，打造具有全国影响力的河南省农业农村大数据服务平台。创建20个数字乡村示范县。

（八）开展农村人居环境整治提升五年行动

扎实推进农村“厕所革命”，完成农村无害化卫生厕所改造150万户，普及率达86%以上。持续开展村庄清洁行动。统筹推进村容村貌提升、农村生活垃圾污水治理等重点工作。

（九）实施乡村建设行动

科学编制乡村规划。推进县域内城乡基础设施一体化，协调推进县域内城乡公共服务均等化。完善城乡公共资源均衡配置机制，促进新增公共资源向农村倾斜。坚持分类推进，找准建设路径，争取走出各具特色的乡村建设路子。

（十）推进农村重点领域改革

巩固完善农村基本经营制度，引导土地经营权规范有序流转。实施家庭农场培育计划和农民合作社规范提升行动。深化农村集体产权制度改革，推动农村集体资产综合监督管理平台建设，发展壮大新型农村集体经济。

第二节　村靓民富生态美的“孟津模式”

近年来，孟津县因地制宜，积极创新，走出了一条农业提质增效、农村繁荣发展、农民增收致富的新路子。孟津县委书记杨劭春对该县乡村振兴的基本情况、经验做法进行详细介绍时指出，通过聚力产业振兴，打牢乡村振兴基础；聚力人才振兴，厚植乡村振兴动力；聚力文化振兴，丰富乡村振兴内涵；聚力生态振兴，提升乡村振兴颜值；聚力组织振兴，夯实乡村振兴保障等方面，成功探索出了河南乡村振兴“孟津模式”。

作为全省粮食核心区、现代农业示范区、实施乡村振兴战略省级示范县，孟津县坚持立足实际、改革驱动、勇于突破，在深入推进农业供给侧结构性改革、人居环境整治、农村改革等方面取得了突出成绩，示范带动了全市乡村振兴战略的有序实施。

一、农旅融合发展，叫响特色旅游品牌

位于孟津县境内的省道314，线路两侧是孟津全力打造的“多彩长廊”田园综合体项目，东西长10公里，南北宽约3公里，该项目已入选国家级试点。驾车行驶在314省道上，两边是成片的育苗大棚、特色蔬菜种植基地、观光采摘大棚等特色农业休闲观光基地。

孟津县十里香草莓基地就位于“多彩长廊”田园综合体项目内。该基地由孟津县京孟种植合作社创建，占地面积1 200亩，共建设草莓大棚420余个，连栋日光温室2座，种植有草莓、樱桃、袖珍西瓜、大鲜桃、酥梨、葡萄、火龙果等，四季有花、月月有果。目前，该基地已发展成为集精品水果生产、采摘体验、休闲观光融合发展的一体化园区，同时辐射带动周边32个草莓种植基地，面积达3万余亩。基地采用“合作社＋基地＋农户＋贫困户”的管理模式，先后帮助316户农户、176户贫困户走上致富路，带动

5 000多人创业、就业。

这仅仅是孟津农旅融合发展的一个缩影。近年来，该县充分发挥现代农业资源和都市近郊优势，大力整合农业园区、田园风光、黄河湿地、经济作物等旅游资源，深化农旅、文旅融合发展。大力推进孟扣路果蔬产业集聚群、小浪底专用线高效特色农业观光带、新 310 国道都市现代农业观光带、会小路沿黄旅游观光带等四条高效观光农业产业带建设，重点打造黄鹿山小浪底休闲度假区、瀍河休闲观光区等四条沟域经济带，加快推进“多彩长廊”国家级田园综合体建设，以产业兴旺推动群众生活富裕。

如今孟津已经形成了“三季有花、四季有果”的农旅品牌和万亩优质水稻、万亩孟津贡梨、万亩无公害蔬菜等一批“万字号”农业项目，精心打造了梨花节、桃花诗会、西瓜采摘节等 20 余个农业观光节会，引爆了“来孟津耍吧”都市观光休闲旅游品牌。

二、吸引乡土人才返乡创业，打造人才振兴“新名片”

顺应农业农村发展新形势、新变化，要着力培育人才、留住人才、用好人才，从而为乡村振兴提供强大智力支持。为了培育实用人才，孟津县充分利用县职教中心、各镇党校、各村“三新”大讲堂、党员教育培训基地、农业技术推广中心等资源，开展以实用技术为主的技术培训，尤其注重加强高素质农民和新型经营主体培训。

截至目前，孟津全县农业产业化省级重点龙头企业 6 家，市级 64 家；家庭农场 90 家，各类农民专业合作社 1 000 余家，其中国家级示范农民专业合作社 6 家、省级 8 家、市级 42 家，合作社会员达 2.1 万余人，带动农户 3.6 万余户。高素质农民和新型经营主体，已成为孟津带动农民增收致富的生力军。

为了吸引农民工返乡创业，孟津县专门出台了《孟津县农民工返乡创业工作实施方案》等文件，从准入、税收、土地、融资、激励、环境等方面，制定了灵活有效的政策措施，有针对性地扶持返乡农民工创业。全面落实《就业创业奖补资金使用管理暂行办法》和其他促进就业创业奖励性政策，先后投入担保基金7 000万元，累计发放创业担保贷款22亿元。

孟津县一系列吸引农民工返乡创业的优惠政策，收到了良好效果。涌现出了吕妙霞、杨占通等一大批典型人物，先后以返乡创业带动就业13万余人。农民通过土地流转、土地入股等方式获取了土地流转金、务工薪金、入股股金，户均增收2 000余元。如今，“回孟津干吧”正成为继“来孟津耍吧”之后的孟津人才振兴“新名片”。

三、巧打“文化牌”，激活乡村振兴新路径

2019年9月中国农民丰收节河南主会场活动在孟津县朝阳镇卫坡村举行。伴随着农民丰收节的启幕，正式对外开放的还有洛阳魏家坡乡愁博物馆。据了解，该乡愁博物馆依托卫坡古民居建设而成，由魏氏祠堂、“文治武功魏氏千秋”“洛阳水席魏家风采”“河洛文明源远流长”“乡愁宗亲乡望丰收”“传风承脉书院茗香”等几个展区构成。以乡情、乡愁、乡望为主题，集中展示了河洛地区知名古建筑、古文化、古风俗、古技艺等，用来留住记忆，弘扬农耕文化和中原文明，游客在感怀古今的同时也能了解历史、品味乡愁。

类似卫坡村这样，通过打“文化牌”推动乡村振兴的典型还有很多。朝阳镇南石山村，通过盘活“唐三彩”特色文化资源，大力发展乡村特色文化产业，年产值超3亿元，成为文化致富的有力典型。平乐镇平乐村以牡丹画产业发展为龙头，年销售牡丹画40万幅，销售收入达1.5亿元，探索出了一条依靠文化传承建设美丽乡村的发展模式，入选中国美丽乡村建设十大模式之一。

近年来，孟津县大力推动文化发展、文明创建，着力夯实乡村镇的“硬支撑”。在全县范围内实施社会主义核心价值观“唱、说、写”工程，积极开展社会主义核心价值观“主题广场、文化街道、

主题小游园、价值观宣传一条街”建设工程。先后建设县级新时代文明实践中心 1 个、镇级实践所 10 个、村级实践站 28 个，家风家训展示馆 22 个。全面完成基层文化服务中心提升改造，建成镇级城市书房 12 座，村级文化广场 336 个、乡村主题游园 132 个。与此同时，深入挖掘剪纸、杂耍、书画、戏曲等民间艺术、民俗活动，通过挖掘文化底蕴，发展文化事业和文化产业，保护乡土文化特色，传承优秀传统文化，让农村充满了文化气息，变得别具韵味。

四、活用“牡丹画”，绘就特色产业振兴“新画卷”

位于孟津县平乐镇的平乐村，村子里几乎每一位农民都能画出栩栩如生的牡丹画，被称为“中国牡丹画第一村”。作为洛阳市文创产业的典型代表，平乐农民画家不仅绘就了脱贫致富的好日子，还描绘出了一幅乡村振兴的新画卷。走进中国牡丹画创意产业园区，映入眼帘的是一座古色古香的门楼，园内统一采用汉魏风格的装饰，看起来很有特色。步入其中，一股浓厚的文化气息扑面而来，不少农民画师正在练习作画。

据洛阳平乐牡丹书画院院长郭泰森介绍，村里最早开始画牡丹是在 1983 年。那一年洛阳市举行了第一届牡丹文化节，他和哥哥郭泰安到王城公园看牡丹，回来以后有美术功底的哥哥郭泰安开始画牡丹，并把牡丹画拿出去销售。后来在哥哥的影响下，郭泰森也开始画牡丹。

当时，改革开放之初，农民生活尚不富足，画牡丹能赚钱的消息迅速传遍平乐村。为了带领村民致富，在郭泰安的组织下，村里办起了培训班，一批又一批的农民开始放下锄头，走入画室练习画牡丹。经过多年发展，文化氛围浓郁的平乐村涌现出了一大批农民画师。到 2007 年前后，在当地政府扶持下，平乐牡丹画开始步入正轨，老一辈画师不断走上讲台，为村民培训牡丹画、传道授艺，平乐牡丹画声名渐起，越来越得到市场的认可。

目前，平乐牡丹画画师队伍人数已超过 1 000 人，其中专业画家 150 人，每年有 40 余万幅作品从这里行销全国，远销美国、日本、新西兰等国家。如今，牡丹画不仅给村民们带来了致富增收，还形成了一个产业链，带动了加工、包装、快递、旅游、餐饮、住宿等相关产业发展。随之而来，农村的精神文明建设也显著提升，村容村貌发生了明显的变化。

五、改善人居环境，提升新村新貌的新容颜

走进孟津县小浪底镇明达村，放眼望去，整个村子都被绿植环绕，村庄道路干净整洁，家家户户都是统一的朱红色院墙，颇具规模。成排的鸡冠花，沿着道路两侧一直蜿蜒到村子内部，明达村俨然成了一座被花海环绕的村庄。

按照孟津县委提出的“村内村外不见垃圾，房前屋后见缝插绿，厕所污水一并治理，清洁家园人人出力”工作要求，明达村将党建、精神文明、乡村文化等元素融入其中，打造党建小游园、党建一条街。目前，全村共完成“三改”300 余户，铺设污水管网 6 800米，栽植翠竹、雪松等 35 000 余棵，种植鸡冠花、太阳菊等花草 15 000 余平方米，打造了设施完善、整洁干净、生态宜居的美丽乡村。

明达村村容村貌改善了，邻里关系也融洽了。村集体经济也实现了零的突破，去年村集体收入达到 180 万元，而这些资金又为实现乡村振兴提供了经济保障。

近年来，孟津县在实施乡村振兴战略中，十分注重生态振兴，大力推行绿色发展方式和生活方式，打通了绿水青山变为金山银山的通道，让生态成为摇钱树，让田园风光、秀美乡村成为聚宝盆。先后开展垃圾清零、一村万树、厕所革命、拆违治乱等工作，累计建成镇级垃圾中转站点 16 个、污水处理厂 8 个，村级垃圾中转点 230 个、污水处理站 33 个、人工湿地 7 处，新铺设农村污水管网 22.1 万米，年度 1.45 万座旱厕改造任务全面完成，使得农民的生产生活条件得到了极大改善。如今，孟津乡村已成为令人向往的美好家园。

六、强化党建引领，构建乡村治理新体系

乡村振兴战略的实施离不开组织振兴，近年来孟津县聚焦农村社会的新变化、新矛盾、新问题，以“组织振兴、治理有效”为目标，积极构建党建引领、三治并进、服务进村的乡村治理体系，为实施乡村振兴战略奠定良好的组织基础。

常袋镇马岭村位于洛阳市北部丘陵山区，下辖4个自然村、9个村民组。近年来，马岭村通过采取党建引领、三治并进、服务群众等措施，不断探索完善三治（自治、法治、德治）并进的乡村治理体系，提高村两委引领群众依法致富的能力，夯实法治基地建设和服务广大村民的水平。初步构建出共建共治共享的乡村治理格局，打通了为群众服务的“最后一公里”，同时也叫响做实了“有困难找党员、要服务找支部”服务品牌。

朝阳镇现有党员2 061名，而这2 061名党员却将全镇几万名群众紧密地连在了一起——“红白大事必到、生病住院必到、急难重活必到、代办事项必到、思想波动必到”，党员的挂钩入户形成了党和政府对农民群众的“无死角服务”。与此同时，孟津县不断发展壮大农村集体经济，成立镇级集体经济合作联社10个，村级集体（股份）经济合作社228个，全县有集体经济收入的农村（社区）达到220个，占96.5%，其中集体经济收入达到5万元以上的达到196个，占89%。启动“支部连支部、同奔小康路”活动，建立“组织联村、支部联组、党员联户”脱贫帮扶机制，选派63名第一书记和2 000余名帮扶干部，成立了209个村级脱贫攻坚责任组。

到2018年底，全县已实现6 369户18 714人稳定脱贫，贫困发生率降为1.9%，群众获得感幸福感安全感更加充实、更有保障、更可持续。如今的孟津，正在向着让农业更强、农村更美、农民更富的目标迈进，一幅“看得见山、望得见水、记得住乡愁”的乡村振兴“新画卷”正徐徐映入眼帘。至2020年底，全县实现全部脱贫摘帽的目标。

第三节　擅长集中管理的“原阳模式”

原阳抓住黄河流域生态保护和高质量发展上升为国家战略的重大机遇，在黄河滩区谋乡村振兴。如今在原阳，有的地方搬家正忙、人来人往，有的旧村复耕、布满绿意，有的塔吊林立、建设不停，有着从未有过的热闹与蓬勃生机。在乡村振兴的宽阔赛道上，原阳正全力进发。

一、人口集中居住：挪出“穷窝窝”有了新生活

“我是在提心吊胆中长大的，黄河水半夜都会跑进家门。”今年84岁的毛素兰说，她在靳堂乡毛庵村的家，离黄河不足500米，全村紧贴着黄河。如今，毛素兰和老伴已经搬入迁建后的新社区，老两口住进了180平方米的大房子。2021年12月22日，围坐在客厅的茶几前，老人讲起过去住在黄河边的穷苦日子。说话间，毛素兰忽然起身，扶着儿子安装在墙上的不锈钢扶手，缓缓走到阳台，找出苹果，热情地塞给大家：“在社区超市买的，可甜了。”“一出生就生长在滩区，不是政府做主，想搬也没地方搬，现在住得真舒服！”毛素兰的丈夫也打开了话匣子。

目前，原阳县安置区277栋、7 108套、96.09万平方米住房钥匙已经全部分发到位，6 594户、25 047名滩区群众正在有序搬迁入住。搬到世和园社区前，杜彦彦原住在蒋庄乡裴刘尧村，村子偏，穷，杜彦彦和丈夫裴团结靠开货车搞运输维持生计。“车大，长6.8米，高3.5米，拉货回来往村里开时，后面还得有人看着，需要挑起不够高的电线让车过去。”杜彦彦回忆，“费时费力又危险！”现在不一样了，裴团结跑车回来，一下高速，顺着省道S327，不到十分钟就能到家，社区里车位多，停车也不愁。

杜彦彦的婆婆常小美也喜欢在社区的新家，在农村住了大半辈子的她，如今回老家处理遗留事，办完就走，说啥都不愿意多留。

为啥？“老村的温度得比这至少低5℃，刮起风来让人灰头土脸的，可不得赶紧回来？”常小美快人快语解释说，“而且俺一早还得上班呢，在社区里当保洁员！”从黄河滩区搬进社区，杜彦彦一家人的幸福感不断提升。

二、产业集中培育：“城里乡下人”换了新身份

2019年5月30日，官厂镇安置区——柳月湾社区彩旗高挂，8个迁建村的群众兴高采烈地搬进新居。“知道不，咱这又有大订单了，听说还是回头客，看来咱滩区人的手艺真不赖啊！”话音未落，在场的人都笑了。2021年12月23日下午，记者再次来到柳月湾社区，路过一间小房，是个小型服装加工厂，里面的人欢乐地说笑。说话的是孔美霞，官厂镇吕庄村的媳妇，今年34岁。之前住在滩区还要照顾孩子，孔美霞就近根本找不到工作。“现在在这干缝纫的活儿，家里啥都不耽误。”孔美霞笑了。

柳月湾社区与滩区老村隔着黄河大堤，在冬日暖阳的照耀下，黄河之上波光粼粼，老村耕地、复耕土地里的麦苗已经毛茸茸、绿油油。“土地搬不走，却也是大家最牵挂的，通过发展高效农业，我们流转土地帮助群众实现了尽可能高的收益。”官厂镇镇长刘蕊介绍，迁建过程中，绝不能让土地从农民的“命根子”变成搬迁的“绊脚石”。

实现全村土地流转，是陡门乡三教堂村党支部书记韦芳芳在迁建动员阶段就定给自己的“硬任务”，她发动5户种植大户流转了全村2 000多亩土地，三教堂村村民每亩有承包费950元的收益。

没有了土地的后顾之忧，“乐业”的工作机会更不能少。为了确保滩区群众安家就业同步走，原阳成立乡村振兴产业发展有限公司，在各乡镇（街道）设立子公司，围绕国内最大的餐饮食材加工中央厨房产业园，以绝味、九多肉多、雨轩等国内知名品牌引领带动食品产业发展，把产业链增值收益留给滩区人民、留在农村。原阳这些住进城里安置区的“乡里人”，安心转变为了“城里人”。

三、治理集中创新：村庄“进”社区成就新治理

在黄河亘古的涛声里，共产党和老百姓，就像鱼和水一样。鱼水情深，顺应滩区人民的百年期盼，原阳的党员干部冲锋在前，干成了迁建这件了不起的事情。官厂镇刘庄村和三里庄村搬进柳月湾社区前紧挨着，像“双胞胎”，村情相似，刘庄村党支部书记田秀军和三里庄村党支部书记李敬才关系要好，各项工作都要商讨一番。

2019 年 4 月，安置区柳月湾社区基本完工，群众选房的事迫在眉睫。抓阄选房，全程公开透明；协助搬家，谁有困难立马帮……刘庄村和三里庄村的党员干部攒着劲，后续的搬迁“进度条”也飞速加载。从“迁建路”拐进柳月湾社区，路旁的一栋三层建筑格外亮眼，这是社区的党群服务中心，搬迁进来的 8 个村的村委会都在这栋楼里。刘庄村和三里庄村的新村委会房间挨着，不用打电话，走两步路，田秀军和李敬才就能相互找到。“安置区名字都是群众自己想出来后，经过乡镇组织投票，层层筛选，最终定了‘世和园’。”

小区环境干净整洁、车辆停放规范，小区配套设施完善……记者在世和园社区“沉浸式”闲逛，发现它与城市社区并无差别。与其他安置区一样，从搬迁入住开始，世和园社区探索推行的是“村委＋物业”的治理模式，成功破解了物业管理难题，帮助搬迁村民尽快适应了城市小区生活，成功过渡为社区“居民”，社区有序运转。搬进社区的滩区群众和党员干部，依旧面临着新的挑战，但经历了“对战”黄河滩的过程，共同奔向好日子一直信心十足。

四、观念集中转变：素质大提升　社区扬新风

来到安置区后，大家察觉出了滩区百姓的思想变化。之前，“许多群众养成了一种不积攒、不存留的生活习惯。”黄河水患，给滩区百姓留下了特殊的印记，因为安居难、不踏实，他们过惯了“今朝有酒今朝醉”的生活。但在迁建社区，日子安定了下来，大家的眼光就放得长远了。这种改变很普遍。大宾镇安置区孙堤社区的居民孙安义是一名货车司机，为了跑车拉货，他之前常年在外奔

波。搬进新居离县里的产业集聚区近，他成了一家工厂的专职司机，不用自己操心找活了，收入更稳定，但孙安义不满足，还在寻找更好的工作机会。

在社区，对于孩子的教育，大家挂在嘴边的频率越来越高。“等到开春，转学来世和园社区上学的孩子会更多，不少群众都在讨论学校的教学质量。”李江波说，“这个不用担心！县教育局会及时增配师资，还会抽调经验丰富的老师前来‘助阵’”。“社区里的农机具明显少了。”大宾镇孙堤村党支部书记孙列建觉得这也是村民最大的变化之一，他告诉记者，因为社区旁有企业又离县城近，村民的“胆子”大了、心胸开阔了，家长里短的矛盾事少多了，大家都忙着打工赚钱。

群众的红白喜事也开始办得与以往不同。搬迁后，各村进一步深化移风易俗，大力推行“喜事新办、丧事简办、厚养薄葬”，迁建社区劲吹文明新风。田秀军也开始对现状不满意了：“村集体没有稳定收入，依托社区兴旺产业刻不容缓！”宜农则农、宜工则工、宜商则商，结合黄河滩区居民迁建工程，原阳县谋划实施了一批现代农业产业园、工业产业园、生态旅游和安置区商业等一二三产业项目，一条属于原阳的绿色产业长廊正沿黄河蜿蜒展开。

第四节　念好乡村振兴“融”字诀的“商城模式”

“山高路远交通差、环境脏乱习惯差、致富无门经济差”，这是几年前，河南省商城县伏山乡的里罗城村留给大家的第一印象。白墙黛瓦，群众安居乐业，田园如画，成为网红打卡地，获评全国“美丽乡村建设示范点”“中国美丽休闲乡村”，年旅游综合收入达1 000余万元，这是今天的里罗城交出的成绩单。

一、红绿融合，山区变景区，思路一转天地宽

大别山怀抱中的里罗城村，出门便是山，满眼都是绿，森林覆

盖率达 85%，可也因为交通落后、经济发展滞后，被大家戏称为“一个穷得只剩下了风景的地方”。

要改变贫穷落后的现状，先要补齐短板。该村从开展美丽乡村建设入手，集中治理圈舍乱建、柴草乱堆、污水乱排、垃圾乱倒等“四乱”问题，“村容村貌、户容户貌、人容人貌”焕然一新，村庄“颜值”显著提升。在县、乡支持下，该村又顺势而为，新建了二十四节气文化园、特色美食街，连续举办了民俗文化节、插秧节、农民丰收节，昔日脏乱差的小山村，华丽转身为“看得见山、望得见水、记得住乡愁”的美丽乡村。

里罗城村红色资源丰富，是开国将军陈明义、夜袭阳明堡英烈赵崇德的诞生地，曾留下无数革命先烈英勇战斗的足迹，红色遗迹遍布全村。该村以此为基础，持续推进红旅融合发展，先后整合资金近 1 500 万元，整修了红军医院、烈士墓群、赵崇德墓、赵崇德故居，完善了党员驿站、红军广场等基础设施，并将儿童团岗哨旧址、红军墓、红军井、红军医院遗址、朝阳洞等红色资源串点成线，建成了一条长达 20 公里的“初心路”。

为了讲好党的故事、革命的故事、根据地的故事、英雄和烈士的故事，该村还高标准推进大别山乡学院建设，打造了集旅游观光、红色教育、公益研学、乡村振兴等多元融合的市级文化体验园，抗日英雄赵崇德纪念园也于日前落成，该村作为组成部分的朝阳洞旅游区被列为全国 30 条红色旅游精品线路之一。

有风景、有故事、有文化内涵，里罗城一跃成为远近闻名的乡村旅游目的地。2019 年，里罗城村接待游客达 20 万人次，实现旅游增收 1 000 余万元，带动 800 多名贫困群众实现脱贫致富，村集体经济收入由过去的负数变成了积蓄 30 多万元。

二、产业融合，农品变商品，产业兴旺村民富

旅游火了，人气旺了，以前农民自给自足的家禽、鸡蛋、蔬菜，以及茶叶、油茶、林果、食用菌等销售难的土特产，如今成为供不应求的畅销货。

“现在的日子真是芝麻开花节节高。”里罗城新庄农家乐老板仓皖宜笑着告诉记者，2014 年他们全家还挤在三间土坯房里，这几年借助该村乡村旅游的东风，发展农家乐，销售茶叶等农特产品，现在楼上楼下十多间房屋，连院子 400 多平方米。家庭一年纯收入 20 多万元。

仓皖宜家的变化只是该村快速发展的一个缩影。该村以乡村旅游为带动，积极发展乡村民宿、创意农业、观光农业、体验农业、康养农业等新业态，鼓励群众开农家乐、卖土特产，从事旅游相关产业，已发展农家乐、民宿 20 余家，越来越多的群众吃上了“旅游饭”。

该村还立足当地盛产茶叶、香菇、油茶、板栗、黄花菜、黑木耳等土特产和桔梗、天麻、茯苓等中药材的实际，先后成立了里罗城种养业合作社、荷花池生态种植合作社、小稻场茶叶加工专业合作社、揽春苗木种植专业合作社等 10 多个农民专业合作社，大力发展特色种养业，村民脱贫致富的道路越走越宽敞。

“里罗城村的名气越来越大，其发展的辐射带动效应也越来越明显。”伏山乡党委书记李献林告诉记者，以里罗城为蓝本，该乡提出了“生态立乡、旅游兴乡、产业富民”的发展理念，在该乡簪子河村，创新“公司＋村集体经济组织＋农户”模式，叫响了簪子河高山茶品牌，茶叶价格翻了一番；南冲村与宛西制药公司合作，探索生产、加工、销售一体化模式，广泛种植发展中药材，带动了群众增收致富。杨桥、徐堰、鲍冲、枫香树、余子店等村，打造桑蚕产业带，传统产业焕发了新活力；与河南兴霖公司合作，建成全国最大的人工青钱柳基地。全乡初步形成了以旅游业为主导，茶叶、苗圃、油茶、桑蚕、香菇、光伏等产业齐头并进的产业发展格局，带动全乡建档立卡贫困户 1 772 户 6 373 人稳定脱贫。

三、村企融合，共建变共赢，党建引领促振兴

为推进脱贫攻坚与乡村振兴有效衔接，2017 年，商城县招商引进大别明珠田园综合体项目，整合伏山乡的里罗城、余子店、七

里山、燕湾、鲍冲等5个村资源，统筹规划里罗城乡村振兴示范区建设。该项目以“龙头企业＋产业基地＋农户”的区域发展模式，着力把田园变公园、农区变景区、产品变商品、劳动变运动、农家变店家、农民变股民，通过土地流转、资产入股、务工等方式，吸引群众发展旅游相关产业，让群众从中获得租金、股金、薪金多重收入，实现“生态美”与“百姓富”相统一。

然而，一边是乡村振兴示范区的紧迫发展任务，一边是群众的利益和顾虑，信任如何建立？矛盾谁来化解？伏山乡党委经过深入调研，决定探索“党建引领、融合合作、共建共享”的实现路径，创新“村企联建”方式，成立了大别明珠田园旅游综合体党总支。党总支含里罗城、余子店、七里山、燕湾、鲍冲5个村党支部和大别明珠公司党支部。总支设书记1名，副书记2名，委员4名，共有党员170名，实现了示范区的党建工作全覆盖。

里罗城乡村振兴示范区党总支成立后，秉持“支部搭台、村民唱戏、互建共赢”的工作原则，通过发挥组织协调服务作用，把村集体、公司、农户等不同的群体拉到一个平台上平等对话，很多问题迎刃而解，达到了党建共商、文明共建、事物共管、难题共解的目的。

通过在行政村和非公企业中，建立“联合式”“链条式”党组织，铸牢乡村振兴的“主心骨”，在发展红色旅游、绿色生态、民俗文化等产业中，以党组织的力量有效处理农民与土地、农民与集体、农民与市场等之间的关系，调动农民积极性，真正将合力聚集起来，解决了资源利用条块分割，难以‘抱团发展’的问题。

“围绕发展抓党建，抓好党建促发展”。示范区坚持将基层党建工作作为落实目标任务、突破难点堵点、化解矛盾纠纷、凝聚发展合力的关键之举，按照“组织建在产业上，党员聚在产业里，农民富在产业中”的工作思路，以党的建设高质量助推经济发展高质量，不仅为当地经济社会发展跑出“加速度”提供了坚强的政治保障，还探索出了一条“党建＋旅游＋乡村振兴”的融合发展新路子。

第五节　示范区建设的“新县模式”

2021年是巩固拓展脱贫攻坚成果同乡村振兴有效衔接的起步之年，各地都在尝试探索全面推进乡村振兴的模式和经验。河南省信阳市新县红色大别山乡村振兴示范区，位于新县田铺乡和泗店乡，获得了中央专项彩票支持欠发达革命老区乡村振兴工作资金5 000万元，如今，这里碧水青山、群众“共建，共治，共享”，发挥“特色产业＋旅游”优势，全面推动乡村振兴。

一、坚持系统思维，擘画乡村振兴蓝图

示范区内有田铺乡大塆古村落和黄毛尖森林公园，古色资源和绿色资源较为丰厚。田铺乡是传奇名将许世友的出生地，泗店乡先后诞生9位共和国将军，有郑维山将军故里等多处红色景区。

“在选取项目实施区域时，综合考虑新县的特色和资源禀赋，充分结合全域旅游发展布局。”新县乡村振兴局局长黄成光介绍，将项目区域放在泗店乡和田铺乡，重点突出‘红绿古’优势，能够确保项目的示范带动作用。

在示范区建设过程中，新县坚持系统思维，遵循“三结合”原则。

一是基础设施提升和产业发展需求相结合。优先解决制约产业发展的突出问题，将园区基础配套建设与村民组基础设施提升相结，为产业高质量发展铺平道路。二是项目建设和群众意愿相结合。充分了解群众诉求，广泛吸纳群众意见。三是巩固脱贫攻坚成果和乡村振兴相结合，在项目规划建设过程中，既注重补齐短板，提升基础设施建设水平，也着力突出亮点，通过项目建设服务产业发展。

未来的示范区什么样？新县乡村振兴局局长黄成光介绍道：“我们计划构建以革命历史文化旅游示范带为主轴，以田铺大塆创客小镇、铁皮石斛产业园、绿康源观光农业生态园为基底，以特色

种植和红色旅游市场为支撑，有效带动示范区发展的‘两线两组团’的空间布局。”

二、构建“共建，共治，共享”新格局，充分调动群众积极性

“在项目规划和建设中，充分考虑了我们本村群众的诉求，优先解决了一些群众急切盼望解决的难题。”大畈村支部委员会书记管义福略带激动地说道。事前让群众参加示范区规划、事中让群众参加建设与监督，事后让群众参加验收和评价。前后在项目实施区21个村民组召开村民代表大会40余次，共收集建议意见101条，采纳15条。

“发挥以工代赈作用，积极组织动员脱贫劳动力和暂时无法外出务工的低收入群众就地就近参与该项目建设”。一方面，群众就业获得收入，另一方面，他们也切切实实地参与到家乡建设当中。大畈村村民苏德安带领团队参与了房屋改造工程，他说，“建设好的家园是我们的家园，这次工程是在我的家乡，所以大家都特别卖力，活做得很细致。”

“我们将技术培训融入项目建设中，采取‘培训＋上岗’的方式。”泗店乡副乡长刘强介绍道。示范区建设中开设瓦工、砌筑工、挖机工、粉刷工等专业技术培训，边培训、边上岗，有针对性地开展实训和以工代训，可培训粉刷工、挖机工、砌筑工、瓦工150人次。

“真正让群众受益了，许多工作也就简单多了。”在前期准备工作中，涉及群众均签订了无偿腾退土地、拆除临时建筑、清除附着物等承诺书，实现了项目协调服务零补偿、零纠纷。正如大畈村河那边组村民刘晓林说的那样，“畈上三个组的环境一天天地变得更好更干净，大家有目共睹，我们大力支持。”

三、“特色产业＋旅游”，撬动乡村全面振兴

产业兴旺是乡村振兴的重点。按照新县的规划，通过示范区项

目实施，将进一步带动农村产业结构的调整，示范引领培育农村经济产业向地方特色优势产业方向发展，扩大产业规模，形成产业集聚效应，提升农业附加值。旅游产业的发展，吃住行，游购娱，促进了农产品消费，进一步为旅游产业和现代农业的融合发展打下坚实基础。

随着道路硬化亮化绿化基础设施等全部安装到位，人居环境焕然一新，部分村民选择了回乡创业。大畈村村民苏德久回乡后成立了大畈村周湾组家庭农场，计划发展桃木产业，目前已投资 6 万多元购置桃木苗 3 000 余棵。“感谢政府给我们打造的这么好的发展环境，让我们的雄心壮志可以展示，抱负可以实现。”苏德久带着自信说道。还有村民依托旅游业的发展，利用自家房屋和自身手艺，开起了农家饭店，再次为小山村增添了几分亮丽。

产业发展能够带动群众就近就地就业，促进社会稳定，让村民安居乐业，进而提高乡村社会文明程度，焕发乡村文明新气象。通过道路设施、环卫设施、村庄坑塘整治等建设，解决村民的出行、用水等问题，美化了农村环境，保护了绿水青山资源。

如今的大畈村，正像老党员黄其林说的那样，“政府政策好，小村大变样，安静山村恢复生机，一派新气象。”示范区建设如火如荼，助力乡村振兴大有可为！

第六节　河南巩固脱贫攻坚成果与乡村振兴有效衔接的经验总结

2021 年中央一号文件指出，脱贫攻坚目标任务完成后，逐步实现由集中资源支持脱贫攻坚向全面推进乡村振兴平稳过渡，推动“三农”工作重心历史性转移，把全面推进乡村振兴作为实现中华民族伟大复兴的一项重大任务，举全党全社会之力加快农业农村现代化，让广大农民过上更加美好的生活。“民族要复兴，乡村必振兴”，刚刚召开的省委农村工作会议指出，要确保实现脱贫攻坚与乡村振兴有效衔接，把确保农产品特别是粮食供给作为首要任务，把深化农业供给侧结构性改革作为主线，把实施乡村建设行动作为关键抓手，把改革创新作为根本动力，加快农业农村现代化步伐，推动乡村振兴实现更大突破，走在全国前列，为全面建设社会主义现代化河南开好局、起好步提供有力支撑。

一、河南省乡村振兴的现实基础

经过多年努力，河南省农业有了新发展，农村面貌有了新变化。一是农业得以全面提升。多年来，河南省坚持粮食生产不放松，大力推进供给侧结构性改革，强力推进“四优四化”，积极发展十大优势特色产业，推动农业迈上新台阶。粮食产量连续四年稳定在650万吨以上，2020年达到682.58万吨，油料、蔬菜产量分别位居全国第一、第二，生猪出栏全国第一，肉、蛋产量全国第二，优质专用小麦、优质花生种植面积分别达到1 533万亩和1 893万亩，优势特色农业产值占比达到57%。二是农村得以全面进步。我省强力推动农村人居环境整治三年行动，持续推进“四美乡村”“美丽小镇”“五美庭院”创建活动，大力提升农村道路、供水供电等基础设施，推动农村更加美丽宜居。农村集中供水率、自来水普及率分别达到93%、91%，户用卫生厕所普及率、生活污水治理率分别达到85%、30%，建成全域一体市场化保洁机制的县占比达85%以上，达到美丽宜居村庄要求的中心村和特色村占比达70%以上。三是农民获得感幸福感安全感持续增强。我省持续推进农民增收，强力推动城乡融合，农村居民收入增速连年高于城镇居民，2019年农村居民人均纯收入15 164元，每百户拥有家用汽车24.3辆；城乡统一居民养老保险制度初步建立，城乡统一居民医保制度全面实施，城乡居民基本养老保险参保率、医疗保险参保率分别达到99.02%、99.1%。四是脱贫攻坚取得决定性成就。持续加大脱贫攻坚力度，全省53个贫困县提前一年摘帽，718.6万建档立卡贫困人口全部脱贫，9 536个贫困村全部出列，区域性整体贫困问题基本得到解决，“两不愁三保障”全面落实，新时代脱贫攻坚目标任务如期完成。

二、河南省乡村振兴面临的重大历史机遇

当前，进入高质量发展、开启现代化建设新阶段的背景下，农业农村发展面临诸多机遇：

一是党和国家将“三农”工作摆在前所未有的位置，将为河南农业农村发展带来更多政策红利。党和国家把解决好“三农”问题作为全党工作的重中之重，把全面推进乡村振兴作为实现中华民族伟大复兴的重大任务，树立了农业农村优先发展的政策导向，确立了五级书记抓乡村振兴的工作机制，形成了举全党全社会之力加快推进农业农村现代化的思想共识。河南作为农业大省，农村人口大省，必将成为国家乡村振兴战略的重大受益者。

二是国家新发展格局的构建，将为河南农业农村发展带来巨大市场空间。当前，我国确立了以国内大循环为主体、国内国际双循环相互促进的新发展格局。作为农业大省，河南农产品供给丰富多样，随着新格局的逐步构建和消费升级的需求，将为我省优质高效农产品提供更大市场空间。同时，河南农村区域广阔，乡村发展的潜在需求巨大，必将成为拉动内需、促进消费的重要力量。

三是“中部崛起”和黄河流域生态保护和高质量发展等国家战略的叠加，将为河南农业农村转型升级提供新的动力。2019年国家将黄河流域生态保护和高质量发展上升到国家战略，加之“国家中心城市”以及自贸试验区、自创区等一系列国家区域或专项战略的叠加和推进实施，必将为河南农业农村发展的转型带来更多政策、技术、资金等要素支持，为农业农村现代化发展提供新动力。

四是新一轮农村基层组织换届和农民返乡创业，将为河南农业农村发展注入新活力。全省农村基层组织刚刚完成换届，一大批有热情、能干事、年轻有为的农村党员被充实到基层干部队伍。与此同时，一大批有志向、理念新的农民返乡创业热情日趋高涨。这一

切都会有助于扩大农村创新创业群体，成为乡村产业发展的有生力量。

三、精准把握当前面临的问题与挑战

河南农业农村发展也面临一些不容忽视的挑战和问题。一是资源环境约束趋紧。长期以来，农业发展主要以量的增长为主，大量施用化肥、农药等要素投入，在有力提升了农产品供给的同时，也开始出现土壤酸化、生态退化、环境污染等负面效应。如何转变农业发展方式，提高农产品质量效益，同时又能稳定农产品有效供给，是一道亟待解决的现实难题。二是农业农村发展要素供给与需求不适应。新发展阶段，农村产业发展、乡村建设等均需要土地、资金、人才、科技等要素支撑，但这些要素的供给存在一些问题：用地上，乡村产业发展，尤其是新产业新业态培育，需要占用不同性质的土地，而我省承担着保障国家粮食安全的重任，必须确保耕地数量不减少、质量有提高，产业发展与耕地保护矛盾突出。在资金方面，农村建设需要大量资金，作为农业大省、人口大省，财政资金有限，农民还不富裕，农村建设资金势必存在巨大缺口。在人才方面，产业发展、新型农业经营主体培育、乡村治理等均需要大量高素质人才，而城乡发展目前还存在明显差距，农村发展人才匮乏。三是农业产业转型升级与市场需求不适应的风险。随着城乡居民收入水平的提高、膳食结构的多样化和现代消费理念的普及，农产品消费结构发生明显变化，逐渐从“吃得饱”向“吃得好”“吃得安全”转变，农产品需求的优质化、多样化趋势明显。如何适应市场需求，进行产业转型升级，提高产业竞争力，既能满足人们对优质、多样农产品的需求，又能抵御国外农产品进口的压力，这些都是迫切需要解决的问题。

四、强力推进农业强省建设

河南省已成为粮食、畜牧、农产品加工大省，花生、蔬菜、食用菌、中药材等特色产业规模也居全国前列，但大而不强、大而不优问题尚未得到根本解决。因此，建设农业强省必须把主导产业和特色产业做优做强，夯实农业强省的基本根基，同时积极打造种业、农机装备等创新引领新高地，在新业态新模式培育、发展方式转变等方面实现新突破。

（一）建设“三方面都强的农业强省”

一是建设现代粮食产业强省。在确保耕地红线和粮食种植面积和规模的基础上，落实“藏粮于地、藏粮于技”战略，狠抓新时期粮食生产核心区建设。实施优质粮食工程，扩大优质专用品种规模，提升粮食产业质量、效益和竞争力，叫响“豫粮”品牌。坚持产业链、价值链、供应链“三链”同构，打造全国重要的口粮生产供给中心、储运交易中心、期货价格形成中心，提升河南粮食产业在全国的影响力。

二是建设现代畜牧业强省。稳定生猪养殖，加强对非洲猪瘟等疫病的防控，提升养殖企业抗风险能力，提高规模化、产业化、良种繁育水平，促进生猪产业转型升级。大力发展草食畜，做大牛羊产业、做优家禽产业，优化饲草种植供应，充分利用我省玉米、花生等作物秸秆丰富的优势，形成种养循环农业高效发展。提升畜牧产品加工水平，支持畜产品加工企业做大做强，持续提高中高端产品比重，进一步提高畜牧业生产效率和生产效益。

三是建设农产品加工强省。按照“粮头食尾”“农头工尾”的要求，延伸产业链，特别是要发展精深加工，促进由“中原粮仓”向“国人厨房”和“世界餐桌”的转变。增强价值链，加大对高端产品和加工设备的研发，进一步提升加工产品的附加值，提高质量和效益。充分发挥平台的要素集聚、示范引领等作用，不断提升河南农产品加工业的知名度和影响力。

（二）打造两大创新引领高地

打造现代种业和现代农机装备两大创新引领高地，培育壮大生物育种、农业高端装备两大新兴产业。一是建设现代种业高地。将国家生物育种产业创新中心打造成全球生物育种新高地、全国种业发展体制机制创新“试验田”和具有国际竞争力的种业“航母”集群，同时发挥中心要素聚集效应，谋划中国“种谷”建设，形成以创新为引领、具有重要影响力的种业产业集群。二是建设农机装备高地。将国家农机装备创新中心建设成为国际一流的农机装备创新平台，在智能化、绿色化、高效化等农业高端装备研发上，不断创新突破，为我省智能农机产品和特色农业装备产业发展和集群培育提供重要技术支撑。

（三）实现三个重要新突破

一是发展优势特色产业，在提升农业质量效益和竞争力上取得新突破。重点围绕油料、蔬菜、食用菌、果树、中药材、水产养殖等特色产业，通过布局优化、要素聚集，推进全产业链开发、全价值链提升，打造一批结构合理、链条完整、知名度高、影响力大的优势特色产业集群，推动产业形态由“小特产”升级为“大产业”，空间布局由“平面分布”转型为“集群发展”，主体关系由“同质竞争”转变为“合作共赢”。

二是发展新产业新业态新模式，在产业融合上取得新突破。充分发挥农村自然资源、生态环境、民俗文化等优势，挖掘乡村功能和价值，通过发展乡村旅游、养生养老、电子商务、农村物流配送等新产业新业态，加强农业与信息、文化、旅游、工业、服务等产业的相互融合，不断创造出多种多样的新产业、新业态和新模式，实现农业产业链的整合和价值链的提升，为农村经济发展、农业转型升级和农民就业增收注入持久活力，让农村既有颜值更有内涵，让农业既有效益更有活力。

三是发展绿色低碳循环农业，在发展方式转变上取得新突破。以农业投入品减量化、农业废弃物资源化为路径，大力发展节水、节肥、节药、节地农业，积极发展生态循环农业，加快农产品绿色原料基地建设，推进畜禽粪污、秸秆、农膜、农产品加工副产物等资源化利用，建设一批各具特色的农业绿色发展先行区。加强绿色食品、有机农产品认证和管理。加强农业品牌建设，重点围绕面、油、乳、果蔬等产业，打造一批知名企业品牌和产品品牌。

五、规划实施乡村建设行动

结合河南省乡村建设实际需求，补短板、强弱项、抓关键，借乡村建设行动之力，实现乡村振兴新突破。

（一）推动城乡基础设施一体化，加快补齐农村基础设施短板

按照城乡基础设施一体化的新理念和总要求，全面改善提升农村水、电、路、气、房屋、通信、物流等基础设施建设水平。尤其是以5G为代表的信息化新基建，城市乡村要统筹谋划，一体建设，实现同一水平，推动农村信息通信网络建设赶超和升级。

（二）推进城乡公共服务均等化，提高城乡服务水平和能力

不断增强县乡村公共服务共建能力和共享水平，一是重点做好教育、医疗、文化等公共资源在县城、乡镇和村庄的优化配置，补齐短板，满足功能需求，实现乡村公共服务水平明显提升。二是完善农村社会保障体系，实现城乡居民基本养老和医疗保险均等化发展，下大力气解决农村就医和养老的突出问题。

（三）实施人居环境整治行动，打造乡村生态宜居生活空间

农村的厕所、生活垃圾、污水、村容村貌仍是未来乡村建设的重点，是农村人居环境整治的主攻方向。一是在推进厕所革命、农村生活污水和生活垃圾治理上持续发力。二是结合乡村振兴规划村庄分类，有针对性地开展村容村貌提升行动，塑造不同类型、各具特色、景色宜人、环境优雅的河南村庄新面貌。

（四）建设文明善治乡村，提升乡村治理能力

把组织振兴作为提升乡村治理能力的重要保障，以农村基层党组织建设为主线，充分利用乡村治理资源优势，总结和提升乡村治理经验，健全自治、法治、德治相结合的乡村治理体系。加强农村精神文明建设，整治农村不良习俗，培养文明乡风、良好家风、淳朴民风，推动乡村优秀文化繁荣兴盛。下大力气发展壮大集体经济，增强基层组织的服务能力。

六、寻求实现突破新路径

新发展阶段迫切需要对农业农村发展进行全面部署，探索具有区域特色的乡村振兴之路。

（一）加强顶层设计，做好规划引领

习近平总书记指出，乡村振兴战略作为新时代“三农”工作总抓手，要加强顶层设计，明确思路，深化认识。一个好的规划可以起到事半功倍效果，推进乡村振兴，必须有一个科学的、系统的、符合地方实际和人民大众意愿的规划统揽全局。要下大力气编制好工作蓝图，理清思路，明确方向、目标、重点、空间布局和建设时序，一张蓝图绘到底。

（二）强化创新驱动，增强科技支撑能力

省委“十四五”规划建议把“坚持创新驱动发展，打造中西部创新高地”放在发展首位，提出“把科技创新作为全省发展的战略支撑，深入实施科教兴豫战略、人才强省战略、创新驱动发展战略，完善创新体系，全面塑造发展新优势”。乡村全面振兴，科技创新同样是战略支撑和动力。一是下大力气打造生物育种和农机装备两大创新引领高地。二是抓好一批重点实验室、农业高新技术示范区、农业科技园区等平台载体和重大科技基础设施建设与布局。三是深化科技体制改革，构建良好创新生态，吸引创新技术人才，激发创新激情热情。四是集中资源力量，打好关键核心技术攻坚战，取得一批重大标志性成果。五是构建农科教推、产学研用推广新机制，加快农业科技成果转化应用。

（三）深化农村改革，推动城乡融合发展

城乡要素流动不对等、要素处置政策不对等的问题，严重影响了乡村要素的激活以及资金、人才、信息等要素的流入。必须进一步深化农村改革，消除影响城乡融合发展的体制机制障碍。要充分发挥城乡融合发展试验区的试验探索和示范引领作用，尽快形成一批可复制可推广的经验、模式和改革措施，推进体制机制破旧立新，打通城乡要素双向自由流动的制度性通道。

（四）加快培育新载体，推进产业聚集发展

经过多年的实践探索，乡村产业发展已取得了大量有效成熟的经验，形成了多样化的乡村产业发展新载体和新模式，为今后乡村产业发展提供了方向和抓手。在全面振兴的路上，要重点培育打造现代农业产业园、优势特色产业集群、田园综合体、现代农业强镇、产业融合发展示范园等各具特色、影响力大、带动力强的产业发展模式载体，并注重发挥政策性保险、担保融资、科技服务等要素保障的功能作用，构建乡村产业发展新格局。

（五）巩固脱贫成果，实现与乡村振兴有效衔接

进入新发展阶段，“三农”工作重心发生了从脱贫攻坚到全面推进乡村振兴的历史性转移，要做好脱贫攻坚与乡村振兴的有效衔接和平稳转型。在坚决守住脱贫攻坚成果基础上，对照乡村振兴的目标任务，推进政策、做法、行动和工作体系的适时转型，实现脱贫地区乡村振兴的接续推进。

（六）开展示范引领，梯次推进农业农村现代化

河南省各地自然资源禀赋差异性大，经济发展水平参差不齐。为选择适宜的发展路径和模式，可区别不同区域、不同类型，选择一些有条件、基础好、潜力大的县、乡、村不同层级，开展农业农村现代化示范样板建设，率先实现农业农村现代化，为全省塑造看得见、摸得着的样板典型，为农业农村现代化探索一些可复制、可推广的模式和经验。

参考文献

REFERENCES

陈锡文，实施乡村振兴战略，推进农业农村现代化［J］. 中国农业大学学报（社会科学版），2018，35（1）：5-12.

豆书龙，叶敬忠，乡村振兴与脱贫攻坚的有机衔接及其机制构建［J］. 改革，2019（1）：19-29.

方世南，以绿色执政理念推进绿色发展［J］. 理论视野，2014（3）：22-25.

郭元凯，谌玉梅，组织振兴：构建新时代乡村治理体系［M］. 郑州：中原农民出版社，2019.

苟文峰，乡村振兴的理论、政策与实践研究：中国“三农”发展迈入新时代［M］. 北京：中国经济出版社，2019.

黄承伟，脱贫攻坚与乡村振兴衔接：概论［M］. 北京：人民出版社，2020.

蒋辉，吴永清，乡村产业振兴研究［M］. 北京：社会科学文献出版社，2021.

江丽，乡村文化振兴的路径及对策研究——以河南省为例［J］. 管理工程师，2019，24（5）：49-55.

李维茂，宿州市乡村旅游产业发展战略选择研究［D］. 合肥：安徽农业大学，2016.

苗洁，河南乡村人才振兴的实践及对策［J］. 中共郑州市委党校学报，2020（2）：79-82.

卜华，地方党组织引领乡村振兴研究［M］. 青岛：中国海洋大学出版社，2019.

辛宝英，安娜，庞嘉萍，人才振兴：构建满足乡村振兴需要的人才体系［M］. 郑州：中原农民出版社，2019.

王玉斌，中国乡村振兴：理论与实践探索［M］. 北京：中国农业大学出版社，2019.

张洪伟，刘艳莉，张庆丰，巩固脱贫攻坚成果同乡村振兴有效衔接［M］. 北京：中国农业科学技术出版社，2021.

郑永亮，以组织振兴全面推进乡村振兴［N］. 邯郸日报，2021-12-2（8）.

图书在版编目（CIP）数据

大国振兴：乡村振兴视域下脱贫攻坚成效巩固路径探索与实践 / 周青浮著．—北京：中国农业出版社，2023.11

ISBN 978-7-109-31060-5

Ⅰ.①大…　Ⅱ.①周…　Ⅲ.①农村－社会主义建设－研究－中国②农村－扶贫－研究－中国　Ⅳ.①F320.3②F323.8

中国国家版本馆 CIP 数据核字（2023）第 164608 号

中国农业出版社出版

地址：北京市朝阳区麦子店街 18 号楼

邮编：100125

策划编辑：姜爱桃

责任编辑：黄　曦

版式设计：王　晨　　责任校对：张雯婷

印刷：中农印务有限公司

版次：2024 年 1 月第 1 版

印次：2024 年 1 月北京第 1 次印刷

发行：新华书店北京发行所

开本：880mm×1230mm　1/32

印张：6.75

字数：188 千字

定价：88.00 元
